De la notion au concept de transfert de Freud à Lacan

Psychanalyse et Civilisations

Collection dirigée par Jean Nadal

L'histoire de la découverte de la psychanalyse témoigne que démarche clinique et théorie issues de champs voisins ont concouru, par étayage réciproque à élaborer le concept d'inconscient, à éclairer les rapports entre pathologie et société et à reconsidérer les liens entre le malaise du sujet singulier et celui de la civilisation.

Dans cette perspective, la collection *Psychanalyse et Civilisations* tend à promouvoir cette ouverture nécessaire pour maintenir en éveil la créativité que Freud y a trouvée pour étayer, repenser et élargir la théorie. Ouverture indispensable aussi pour éviter l'enfermement dans une attitude solipsiste, qui en voulant protéger un territoire et préserver une identité, coupe en réalité la recherche psychanalytique de ses racines les plus profondes.

Dernières parutions

Lucien BARRERE, *Les fantaisies de l'écriture*, 2008.
Guy AMSELLEM, *Romain Gary, les métamorphoses de l'identité*, 2008.
M. BUCCHINI-GIAMARCHI, *Essai de psychanalyse appliquée à soi-même*, 2008.
A. BARBIER et M. BOUBLI (dir.), *Les enjeux de la psychanalyse aujourd'hui*, 2008.
Pierre DELTEIL, *Justice, un extraordinaire gâchis*, 2008.
Nuno Miguel PROENÇA, *Qu'est-ce que l'objectivation en psychanalyse. Sept lectures de Freud*, 2008.
Bruno FALISSARD, *Cerveau et psychanalyse. Tentative de réconciliation*, 2008.
Jean-Michel PORRET, *Les narcissismes*, 2008.
Florence PLON, *Vivre la perte. L'accompagnement des deuils*, 2007.
Franca MADIONI, *La psychanalyse interroge la phénoménologie. Recherches freudiennes à partir de Brentano*, 2007.
Pascal HACHET, *Promenades psychanalytiques*, 2007.
Georges ZIMRA, *Penser l'hétérogène. Figures juives de l'altérité*, 2007.
Claude LORIN, *Un nouveau regard sur l'anorexie. La danse comme solution possible*, 2007.
Jean-Paul DESCOMBEY, *La psychiatrie sinistrée*, 2007.
Claude BRODEUR, *L'inconscient collectif*, 2007.
Violaine DUCHEMIN, *Le dénouement d'un secret de famille*, 2007.

Jean-Michel LOUKA

DE LA NOTION AU CONCEPT DE TRANSFERT DE FREUD A LACAN

L'Harmattan

5-7, rue de l'École-Polytechnique ; 75005 Paris
http://www.editions-harmattan.fr
ISBN : 978-2-296-06998-5
EAN : 9782296069985

INTRODUCTION

« L'idée même de réel comporte l'exclusion de tout sens. Ça n'est que pour autant que le réel est vidé de tout sens que nous pouvons un peu l'appréhender. »

Lacan, le 8 mars 1977[1]

Il n'existe pas, fort heureusement, d'interprétation univoque de la question théorique ou pratique du transfert pour tous les psychanalystes. Pour les uns, il s'agit foncièrement d'une banalité sans nom qu'ils utilisent à dessein sans souhaiter en dire ou en écrire quoi que ce soit de plus ou d'autre que Freud ; pour d'autres, il s'agit plutôt d'une énigme, à chaque cas renouvelée, dont le corpus théorique ne rend qu'imparfaitement compte de ce dont il retourne réellement. Ce n'est donc que pour certains que le transfert se présente d'emblée comme une question, sinon même, pour quelques-uns, la question princeps ouverte par ladite psychanalyse en sa naissance freudienne.[2]

Mais le transfert n'est-il, de facto, qu'une et une seule question ? Plusieurs questions ne viennent-elles pas à cet endroit se croiser ? Au-delà du fait que le transfert est au moins une question, le transfert pose des questions et, pour peu qu'on y prenne garde, il fournit en même temps la réponse, celle, *ready made*, que le sujet qui s'en trouve affecté souhaite recevoir. Une réponse, unique, à toutes les questions : « aime-

[1] Jacques Lacan, Séminaire : *L'insu que sait de l'une-bévue s'aile à mourre,* 1976-1977 (inédit). Cf. revue *Ornicar ?*, n°16, 1978, p.12.

[2] Paul-Laurent Assoun, *Leçons psychanalytiques sur* ***Le transfert,*** Economica, Anthropos, 2006

moi et, pour cela, reconnais-moi ; comble-moi de ton amour, pas de manque, pas de perte… »

Lorsque Sigmund Freud reçoit Karl Gustav Jung pour la première fois, en 1907, il lui pose précisément cette question : « Que pensez-vous du transfert ? » « C'est l'alpha et l'oméga de la pratique », répond Jung. Freud alors de lui dire : « Vous avez compris l'essentiel » !

Dix ans auparavant, le 7 juillet 1897, Freud décrit le transfert en termes déjà bien clairs, mais sans le reconnaître théoriquement. Il s'adresse à Wilhem Fliess :

Je continue à ne pas savoir ce qui m'est arrivé. Quelque chose venu des profondeurs abyssales de ma propre névrose s'est opposé à ce que j'avance encore dans la compréhension des névroses, et tu y étais, j'ignore pourquoi, impliqué. L'impossibilité d'écrire qui m'affecte semble avoir pour but de gêner nos relations. De tout cela je ne possède nulle preuve et il ne s'agit que d'impressions tout à fait obscures.

Il ajoute, sur le mode de certaines personnes dès les premiers entretiens :

La chaleur et le surmenage doivent certainement jouer un rôle dans tout cela[3].

Soixante-dix ans plus tard, dans la *Proposition du 9 octobre 1967 sur le psychanalyste de l'Ecole*, Jacques Lacan – qui, lorsqu'il parlait du transfert ne prétendait pas viser autre chose que le transfert selon Freud – avance sa formulation la plus achevée sur cette question. Il s'agit de l'*algorythme du transfert*[4], soit une écriture dudit transfert :

---

[3] Sigmund Freud, *La naissance de la psychanalyse,* PUF, Paris, 1956.

[4] Jacques Lacan, *Scilicet,* N°1, Seuil, 1968, p. 14. Où S est le signifiant du transfert ---> l'implication signifiante, Sq le signifiant quelconque, s le sujet (supposé ou sub-posé ou sous-posé), (S1, S2, …Sn) le savoir supposé, *savoir textuel* de l'inconscient (une suite de

$$\frac{S \dashrightarrow Sq}{s\,(S1, S2, \ldots Sn)}$$

Tout ceci n'indique cependant pas qu'avant 1897 Freud n'ait pas affaire au transfert (au singulier) et aux transferts (au pluriel), pas plus que cela ne signifie qu'après 1967 Lacan n'avance plus rien concernant ce problème.

Nous pratiquerons ici l'*enquête.* C'est énoncer d'entrée de jeu un *style,* mais surtout une *méthode.* L'enquête consiste à poser des questions – nos questions – aux textes, freudiens et lacaniens pour l'essentiel. A faire travailler, à mettre au travail ces textes, c'est-à-dire ce que nous disent, *de facto,* Freud puis Lacan de cette embarrassante question qui les accompagne tout au long de leur parcours respectif. Freud en fait la pire et la meilleure des choses pour la cure : la pire, puis la meilleure, puis la pire et la meilleure à la fois. Lacan en épure la fonction opératoire sous la forme de l'un des *Quatre concepts fondamentaux de la psychanalyse,* titre d'édition donné par le Seuil au séminaire annoncé par Lacan, en cette année 1964, *Les fondements de la psychanalyse*[5]. Le concept de transfert, élevé à cette dignité, se trouve dès lors partager la compagnie de trois

signifiants). On notera que la première version de la *Proposition* faisait apparaître la fraction ainsi $\frac{\text{supposé}}{\text{Sujet … savoir}}$

[5] Ce titre, *Les fondements de la psychanalyse*, est explicitement énoncé par Lacan dès la première séance du séminaire qui commence cette année-là (1963-1964) le 15 janvier 1964, pour cause d'exclusion de l'Internationale ipéiste, après l'unique séance du *Nom-du-Père* de l'automne 1963. Changement de lieu du Séminaire (de Sainte-Anne à l'Ecole Normale Supérieure) ; Lacan fonde son Ecole le 21 Juin suivant.

autres, et non des moindres : l'inconscient, la répétition et la pulsion !

Lacan fera plus encore en venant y enchâsser la question du *désir de l'analyste* avec celle de *la passe*.

LIMINAIRE 1

Transfert, c'est *Übertragung* en allemand, c'est-à-dire dans le texte Freudien. C'est le terme que Freud choisit. *Transference,* en anglais, *tranferencia,* en espagnol. *Traslazione* (ou tout simplement *transfert*) en italien. *Transferência* en portugais et en brésilien.

***Übertragung* :**

- ***Über***, comme adverbe veut dire : par-dessus, au-delà, d'un bout à l'autre. *Über* comme préposition signifie : sur, au-dessus de, par-dessus, de l'autre côté de, au-delà de, comme dans les expressions courantes *sich über etwas hinwegsetzen* (se mettre au-dessus de quelque chose) ; *über Paris reisen* (passer par Paris) ; *über die Strasse gehen* (traverser la rue) ; *er steht über mir* (il m'est supérieur).

- ***Tragen***, c'est : porter, supporter, soutenir, endurer, tolérer ; c'est aussi : porter au sens d'être vêtu de, avoir mis ; c'est encore, d'un point de vue physiologique : porter au sens d'être grosse (grosse de), d'être pleine ; et pour la terre : rapporter, produire. Mais *tragen* signifie aussi : inscrire, porter (sur un registre, tenir compte) : *den Verhätnissen Rechnung Tragen* (tenir compte des circonstances).

- (*ein, der*) *Träger,* c'est le porteur (de personnes) ou le support (de choses) ; c'est aussi le sommier. Au sens figuré ce peut être le représentant (d'une idée, par exemple).

- *Tragezeit,* c'est le temps de la gestation : *Trägheit,* c'est l'inertie, l'indolence, la lenteur, la paresse ; *Träge* est l'adjectif qui signifie inerte, indolent, lent, paresseux, fainéant. Enfin, *Trage* est le nom pour le brancard, la civière…, mais encore, la portée ou la ventrée !

... Et quelques autres noms composés, bien entendu. Mais lorsque se conjoignent *über et Tragen,* qu'est-ce que cela donne ?

- ***Über-tragen,*** c'est tout d'abord littéralement porter de l'autre côté. Ecrit en un seul mot, c'est transporter, transmettre, passer (passer une traite). C'est aussi étendre le sens des mots, traduire, rendre. C'est encore conférer, déférer (déférer le pouvoir).

- *Übertrag*, désigne le transport mais aussi le transfert. C'est aussi le report (en comptabilité). Ce qui est *übertragbar* est transmissible ; traduisible. Et *Übertrager* est une bobine d'induction.

Enfin ...

- ***Übertragung,*** c'est aussi bien le transport, la translation, la transmission, le virement (des sommes) ; que l'extension (de sens), la traduction ou la transposition.

Ainsi, comme on peut l'entendre, les métaphores bancaires autour de l'*Übertragung* ne manquent pas. En Français, pour le terme de *transfert*, il y a quelque chose qui, de même, vire au *transport*, au transport de fonds, au déplacement de valeurs, de droits, d'entités, au transfert de fonds, au transfert de propriété..., transfert de technologies dit-on également, bien que plus récemment dans la langue.

- ***Transfert,*** attesté dès 1724, probablement emprunté au Latin *transferre*, employé sur des registres commerciaux. *Transférer* est attesté dès 1355 (Bersuire) ; avec pour dérivés : *transférement* (1704), *transférable* (1829), déjà repéré une première fois en 1596. Qui renvoient à *translation*...

- ***Translation***, est attesté dès 1330 comme terme juridique ; mais dès 1220 au sens de : « action de faire passer (des personnes) dans une autre situation » ; mais aussi « transport d'un corps », au XVIIè siècle. Le terme est emprunté du Latin *translatio,* soit « transport », « transfert », dérivé de *translatus,* participe passé de *transferre.* A signifie aussi « traduction » comme en Latin, depuis le XIIè siècle, sens aujourd'hui hors d'usage depuis le XVIè siècle. Serait également à mentionner *translater* tel qu'il s'employait au XIIè siècle, ou *translateur* (1712), également hors d'usage, remplacés par le verbe traduire et son substantif *traducteur* avec le même sens de « faire passer ». On se souviendra ici de l'anglais *to translate*[6].

[6] D'après Oscar Bloch et Walther von Wartburg, *Dictionnaire étymologique de la langue française,* PUF, 1975.

LIMINAIRE 2

Il y a, dans le transfert, et ceci dès le départ freudien, une difficulté. Ce quelque chose qui est cerné comme étant le transfert est un quelque chose de bien remuant. Le transfert, ne se fixe pas aisément dans une conception ni dans un cadre ! Il y aura donc toujours une difficulté à proposer une fixe définition de la chose pour chacun. La notion même prendra pour de nombreux auteurs une extension très large pouvant aller jusqu'à désigner, englober l'ensemble des phénomènes qui constituent la relation du patient, de l'analysant au psychanalyste.

Ainsi pour chaque auteur, l'abord du transfert ne sera plus fonction, à la limite, que de l'ensemble de ses propres conceptions sur la cure, son objet, son déroulement, sa direction, son ou ses buts, etc..., débouchant alors sur, de prime abord, au moins quatre interrogations :

1. Le transfert, dans la cure psychanalytique est-il spécifique (et de quoi, et de qui) ? Autrement dit, a-t-il une véritable spécificité, dans le champ de cette discipline appelée psychanalyse ?
2. Quel rapport entretient le transfert avec le réel en cause dans la cure ; spécialement quand se font jour certaines expressions ou manifestations de l'inconscient dans le réel (tels les *actings*) au décours de l'analyse ?
3. Face à ce qui se remémore, comme face à ce qui se répète, quelle est la fonction du transfert dans une cure ?
4. Peut-on cerner, sérier rigoureusement ce qui est transféré : un type de comportement ? un modèle de relation d'objet ? des sentiments, qu'ils soient dits positifs ou négatifs ? des affects et lesquels prioritairement ? une charge ou un quantum de libido ? des fantasmes plus ou moins archaïques ou fondamentaux ? une imago, ou un ensemble ou seulement un trait ou quelques traits particuliers issus de

celle-ci ? une instance complète ou incomplète, ou plusieurs : le Moi, le Surmoi…, et pourquoi pas le Ça ?

Nous rencontrons que cette difficulté n'est pas seulement spatiale – un *déplacement* – mais bien sûr, aussi, *temporelle*. Il y a une temporalité du transfert, repérée par Freud et Lacan. Cette temporalité, avec Lacan, est celle d'un *temps logique* et non plus seulement chronologique, ce qu'il reste avec Freud.

Par ailleurs, Freud reste toujours frappé, surpris, par l'étrangeté de la survenue des manifestations du transfert. Il la souligne encore à la fin de sa vie, en 1938 dans l'*Abriss der Psychoanalyse* :

Bien d'autres faits se produisent encore, dont quelques-uns sont prévisibles tandis que d'autres ne laissent pas de nous surprendre. Chose étrange, le patient ne se contente pas de considérer son analyste sous le jour de la réalité, de le regarder comme un soutien et un conseiller, rémunéré de sa peine, qui se contenterait volontiers du rôle dévolu à un guide montagnard pendant une difficile ascension. Non, l'analysé considère son analyste comme le retour, la réincarnation, d'un personnage important de son passé infantile, et c'est pourquoi il lui voue des sentiments et manifeste des réactions certainement destinés au modèle primitif. L'on se rend bientôt compte de l'importance insoupçonnée de ce facteur du transfert [...] [7]

« L'on se rend bientôt compte de l'importance insoupçonnée de ce facteur du transfert », dit Freud en 1938, lequel ne s'en est rendu compte, pour lui-même, que bien tard. Insoupçonné ledit transfert, certes, et à un double titre : dans sa vie personnelle autant que dans ses cures.

---

[7] Sigmund Freud, *Abriss der Psychoanalyse*, G.W. XVII, 100 ; S.E., XXIII, 174-5 ; trad.: *Abrégé de Psychanalyse,* PUF, 1949, 7è éd., 1973, p. 42. On sait que l'*Abrégé,* commencé en juillet 1938, est resté inachevé. Le temps imparti à Freud ne lui a pas permis d'aller au-delà de la *Troisième partie*.

Pour Freud, nous nous servons d'un choix de quelques textes afin d'accrocher au mieux comment il établit la question :

- Outre l'*Abrégé de Psychanalyse,* cité à l'instant, texte de 1938, il nous faut revenir aux textes princeps sur la question
- *Dora* (1899-1901, mais publication en 1905)[8] tout d'abord, avec les notes ajoutées, où Freud se cerne pour la première fois dans son échec qu'il centre sur ce problème du repérage dans le transfert. Il nous faut aussi y placer les commentaires de Lacan, commentaires multiples et disséminés, commentaires qui visent l'échec de Freud précisément sur cette pierre d'achoppement du transfert
- La batterie de textes, des quatre textes qui s'échelonnent de 1912 à 1916, et dans lesquels il est bon de venir y encastrer comme un coin le texte sur le narcissisme : *Pour introduire le narcissisme* (1914)[9]
  a) *La dynamique du transfert* (1912)[10]
  b) *Remémoration, répétition et élaboration* (1914)[11]
  c) *Observations sur l'amour de transfert* (1915)[12]
  d) La 27è conférence *Le transfert* (1916)[13]

---

[8] Sigmund Freud, *Bruchstück einer Hysterie-Analyse* (1905), G.W. V, pp. 163-286, *Fragment d'une analyse d'hystérie (Dora),* trad. M. Bonaparte et R. Loewenstein, rev. par A. Berman, in *Cinq psychanalyses,* PUF, 1970, pp. 1-91.

[9] S.F., *Zur Einführung des Narzissmus* (1914), G.W. X, pp. 138-170. *Pour introduire le narcissisme,* Trad. J. Laplanche, in *La vie sexuelle,* Paris, PUF, 1969, pp. 81-105.

[10] S.F., *Zur Dynamik der Übertragung* (1912), G.W. VIII., pp. 364-374, *La dynamique du transfert,* trad. A. Berman in *La technique psychanalytique,* Paris, PUF, 1970, pp. 50-60.

[11] S.F., *Erinnern, Wiederholen und Durcharbeiten* (1914) G.W. X, pp. 126-136, *Remémoration, répétition et élaboration,* (*élaboration* est plus généralement entendue ici comme *perlaboration*), trad. A. Berman, in *La technique psychanalytique,* Paris, PUF, 1970, pp. 105-115.

[12] S.F., *Bemerkungen über die Übertragungsliebe* (1915), G.W. X, pp. 306-321, *Observations sur l'amour du transfert,* trad. A. Berman, in *La technique psychanalytique,* Paris, PUF, 1970, pp. 116-130.

Pour Lacan, nous décortiquons un nombre important de textes et de passages de textes ou de séminaires pour y repérer la question freudienne au travail dans son devenir lacanien :

Outre les nombreux commentaires du ratage de Freud avec Dora, nous visitons :

– Les textes écrits suivants :

1. *Intervention sur le transfert* (1951)[14]
2. *La direction de la cure et les principes de son pouvoir* (1958)[15]
3. *Télévision* (1974)[16]
4. *Ecrits* (1966)[17]
5. *Proposition du 9 octobre 1967 sur le psychanalyste de l'Ecole* (1967), les deux versions[18]

– Les textes édités ou inédits établis à partir de la parole de Lacan à son Séminaire :

1. Outre que nous picorons un peu partout dans le corpus lacanien, nous utilisons au début abondamment le Séminaire I *Les écrits techniques de Freud* (1953-1954)[19].
2. Nous nous référons bien entendu et foncièrement au séminaire central sur la question, le Séminaire VIII *Le*

---

13 S.F., La 27è conférence *Le transfert* (1916), in *Vorlesungen, Studienausgabe,* Vol 1, pp. 415-430 ; trad. *Introduction à la Psychanalyse,* Paris, Payot, rééd. 1973, pp. 408-425.

14 Jacques Lacan, *Intervention sur le transfert* (1951), in *Ecrits,* Paris, Seuil, 1966, pp. 215-226.

15 J.L., *La direction de la cure et les principes de son pouvoir* (1958), Royaumont 10-13 juillet 1958, in *Ecrits, op. cit.,* pp. 585-645.

16 J.L., *Télévision* (1974), Paris, Seuil, 1974, p. 49.

17 J.L., *Ecrits, op. cit.,* spécialement les pages suivantes : 107-108 (*transfert négatif*) - 268-328-518-522-596/597-837-844 (*position de l'inconscient).*

18 J.L., *Proposition du 9 octobre 1967 sur le psychanalyste de l'Ecole ;* 1ère version *Analytica,* 1978, N°8, *supplément au n°13 d'Ornicar ?,* p. 3-26 ; 2è version *Scilicet,* 1968, N°1, pp. 14-30.

19 J.L., *Les écrits techniques de Freud,* Séminaire I (1953-1954) à Sainte-Anne, Paris, Seuil, 1975.

transfert dans sa disparité subjective, sa prétendue situation, ses excursions techniques[20].

3. Le séminaire XI *Les quatre concepts fondamentaux de la psychanalyse* (1964)[21], représente pour nous un pivot important sur la question. Il s'agit en fait comme nous l'avons rappelé plus haut de : *Les fondements de la psychanalyse,* c'est ainsi en tout cas que Lacan l'exprime en cette première séance du 15 janvier 1964 à l'Ecole Normale Supérieure de la rue d'Ulm à Paris, invité en ce lieu grâce à l'intervention d'Althusser, après avoir été jeté hors de Sainte-Anne et exclu de l'I.P.A.
4. *Le savoir du psychanalyste* (1971-1972)[22], prononcé à Sainte-Anne, et qu'il faut compter parmi les séminaires, bien qu'il soit parlé parallèlement au séminaire de cette année, le XIXè, *... ou pire* (1971-1972) .[23]
5. Enfin, de nombreux passages extraits d'autres séminaires, comme, notamment le séminaire IX, *L'identification* (1961-1962), mais aussi tout particulièrement des derniers séminaires des années soixante-dix où Lacan fait à ce sujet des remarques fondamentales remettant en cause toute la question du transfert telle que lui-même avait été amené à l'avancer.

---

[20] J.L., *Le transfert dans sa disparité subjective, sa prétendue situation, ses excursions techniques,* Séminaire VIII (1960-1961), Paris, Seuil, 1997-2001.

[21] J.L., *Les quatre concepts fondamentaux de la psychanalyse,* Séminaire XI (1964), Paris, Seuil, 1973.

[22] J.L., *Le savoir du psychanalyste* (1971-1972), Chapelle Sainte-Anne, inédit.

[23] J.L., ... *ou pire* (1971-1972), inédit.

CHAPITRE I

AU COMMENCEMENT, LE TRANSFERT...

1. Les yeux du grand Brücke

Nous sommes en 1876, Sigmund Freud a vingt ans. Il fait sa première rencontre d'importance, hors du cercle familial, avec la question du transfert en la personne de son bon maître en physiologie, le grand Ernst Brücke (1819-1892). C'est, comme on dit depuis, un « transfert paternel », un transfert au père, à l'imago paternelle. Brücke est, en effet, de quarante ans son aîné. Et la différence d'âge est la même qu'entre Freud et son père.

C'est dans le laboratoire de physiologie d'Ernst Brücke que je trouvais enfin paix et pleine satisfaction, ainsi que les personnes que je pus respecter et prendre pour modèles : le grand Brücke lui-même et ses assistants Sigm. Exner (son successeur) et Ernst von Fleischl-Marxow, dont le second, personnalité brillante, m'honora même de son amitié [24].

Une courte enquête du côté d'Ernest Jones, l'auteur de *La vie et l'œuvre de Sigmund Freud* [25], nous signale que Freud lui-même disait que pour lui Brücke était « la plus grande autorité qu'il ait jamais rencontré » [26], avec une déférence égale, ajoute

---

[24] Sigmund Feud, *Selbsdarstellung* (1925), trad. : *Sigmund Freud présenté par lui-même*, Connaissance de l'inconscient, Nouvelle traduction, NRF Gallimard, 1984, pp. 17-18.

[25] Ernest Jones, *La vie et l'œuvre de Sigmund Freud,* 3 tomes. Tome 1, *La jeunesse 1856-1900,* Bibliothèque de psychanalyse, PUF, trad. 1958, 1976 (Basic Books Inc., N.Y., 1953).

[26] S.F., *Gesammelte Werke,* (G.W.) XIV, 290.

Jones, à celle qu'il avait témoignée, dans sa petite enfance, à son père.

Jones raconte que Freud a parlé bien plus tard du respect et de l'admiration qu'il a éprouvés pour Brücke, avec cependant un peu de crainte. Un jour Brücke lui reproche d'arriver en retard, Freud parle alors du « terrible regard » que le maître lui lança et qui « l'accabla »[27]

le souvenir de ses yeux d'un bleu d'acier surgissait chaque fois qu'il avait tenté de négliger quelque devoir ou de mettre quelque négligence à l'exécuter scrupuleusement et parfaitement[28].

On trouve dans la *Traumdeutung, L'interprétation des rêves,* au chapitre sur *Le travail du rêve,* le rêve dit de Brücke [« non vixit » (au lieu de « non vivit »)].

Le centre du rêve est une scène où j'anéantis P... en le regardant. Ses yeux deviennent étrangement bleus, puis il se dissout. Cette scène imite d'une façon très claire une autre scène réellement vécue. J'ai été moniteur à l'Institut de Physiologie ; mon service commençait de bonne heure, et Brücke avait appris que j'étais arrivé plusieurs fois en retard au laboratoire d'enseignement. Il vint un jour à l'heure où j'aurais dû arriver et m'attendit. Ce qu'il me dit fut court et net, mais les mots n'ont pas d'importance en ces cas. L'essentiel fut dans ses terribles yeux dont le regard m'anéantit (comme P. dans le rêve où, à mon grand soulagement, les rôles sont changés). Ceux qui se rappellent les yeux merveilleux que le maître avait gardés jusque dans sa vieillesse, et qui l'ont vu en colère, peuvent imaginer ce que je ressentis alors[29].

---

[27] S.F., G.W., *op. cit., ibid.*
[28] Ernest Jones, *op. cit.,* p. 44.
[29] S.F., *Die traumdeutung,* trad. : *L'interprétation des rêves,* Paris, PUF, 1971, pp. 359-360.

Et Jones de nous livrer en quelque sorte sa définition du transfert :

Chaque fois que quelqu'un émet à propos d'une autre personne un jugement semblable à celui que nous venons de citer, nous pouvons être sûrs qu'une affinité importante existe entre les deux, ce qui n'implique pas forcément, d'ailleurs, une étroite ressemblance. Concluons-en simplement que le personnage admiré incarne un certain idéal pour son admirateur. Dans le cas présent, nous discernons aisément ce que fut cet idéal : évidemment celui d'une probité scientifique parfaite combinée à une croyance sincère en la valeur éthique de cette probité. Nous employons ici à dessein le mot « croyance », car cette attitude n'est pas sans analogie avec celle que l'on adopte en face des idéaux religieux ou politiques. Comme la plupart des adolescents, Freud éprouva le besoin de « croire en quelque chose » et pour lui, ce quelque chose fut la Science avec un grand S[30].

La Science… ou Brücke ? Freud restera, comme il dit lui-même « collé » à l'Institut de Brücke pendant six ans !

2. …et ceux de maître Charcot

La deuxième grande figure du transfert paternel c'est, à notre sens, Jean-Martin Charcot. Freud fréquente sa clinique pendant dix-sept semaines, de l'automne 1885 jusqu'au 28 février 1886. Nous sommes donc dix ans après la rencontre avec Brücke. Freud va avoir 30 ans (le 6 mai 1886). En témoignent ces extraits de lettres adressées à Martha Bernays, sa fiancée.

M. Charcot est arrivé à 10 heures. C'est un homme de haute taille, âgé de cinquante-huit ans, chapeau haut de forme ; il a des yeux sombres, étrangement doux (un des deux plutôt car

---

[30] Ernest Jones, *op. cit.*, p. 44.

l'autre est dénué d'expression, étant affecté d'un strabisme convergent ; [...] il m'en a imposé par son brillant diagnostic et le très vif intérêt qu'il montre pour tout. Aucun rapport avec les airs de supériorité et de distinction superficielle auxquels nous ont habitués nos grands pontes. [...] Bref, bien qu'il y eût moins de manifestation de politesse que je n'avais prévu, je me trouvai bientôt très à l'aise et je remarquai qu'il me témoignait, d'une manière très discrète, beaucoup de considération. [...]. Quand il est là, je me tiens à ses côtés et je me sens déjà comme chez moi [...] [31].

[...] Je suis vraiment très confortablement installé maintenant, et je crois que je change beaucoup. Je vais te raconter en détail ce qui agit sur moi. Charcot, qui est l'un des plus grands médecins et dont la raison confine au génie, est tout simplement en train de démolir mes conceptions et mes desseins. Il m'arrive de sortir de ses cours comme si je sortais de Notre-Dame, tout plein de nouvelles idées sur la perfection. Mais il m'épuise et, quand je le quitte, je n'ai plus aucune envie de travailler sur mes propres travaux, si insignifiants ; voilà trois jours entiers que je n'ai rien fait, et je n'en éprouve aucun remord. Mon esprit est saturé, comme après une soirée de théâtre. La graine produira-t-elle son fruit ? Je l'ignore ; mais ce que je sais, c'est qu'aucun autre homme n'a jamais eu autant d'influence sur moi [...] [32].

Un déplacement de ce transfert se réalise sur la propre fille de Charcot, Jeanne qui, dit Jones :

ressemblait presque ridiculement à son père [33].

[...] Imagine-moi maintenant, dit Freud à Martha, n'étant pas déjà amoureux et étant, en outre, un véritable aventurier,

---

[31] Sigmund Freud – Martha Bernays, *Correspondance 1873-1939,* Nrf Gallimard, 1966, lettre du 21 octobre 1885.

[32] S.F., M.B., *op. cit.,* lettre du 24 novembre 1885.

[33] E.J., *op. cit.,* p. 205.

j'aurais pu succomber à une forte tentation, car rien n'est plus dangereux qu'une jeune fille qui a les traits d'un homme qu'on admire[34].

Il y a cette curieuse lettre de Freud adressée à Charcot le 10 ou 11 décembre 1885, alors qu'il côtoie ce dernier quotidiennement :

Monsieur le Professeur,
Fasciné depuis deux mois de votre parole, immensément intéressé par le sujet que vous traitez en maître, il m'est venu de m'offrir à vous pour la traduction en allemand du tome troisième de vos « Leçons » [...]
Il me reste à vous expliquer, Monsieur, pourquoi je prends la liberté de vous écrire quand je suis assez heureux pour pouvoir vous adresser la parole, jouissant de la permission d'assister à votre visite à la Salpêtrière. C'est pour vous épargner la peine de me donner une réponse négative à laquelle je vous l'avoue franchement – je suis à demi préparé, puisqu'il se pourrait bien que vous eussiez déjà disposé de l'autorisation que je me permets de vous demander ou qu'une autre raison quelconque vous détermine de la refuser. Dans ce cas, vous n'aurez que de ne pas m'en parler et j'espère que vous voudrez bien excuser cette demande et me croire avec la plus sincère admiration,
Votre tout dévoué
Dr. Sigmund Freud[35].

Charcot accepte la proposition dès le 12 décembre 1885 [36].

---

[34] S.F., - M.B., *op. cit.,* lettre du mercredi 20 janvier 1886 à Martha. Trad. de l'allemand par Anne Berman. Traduit de l'anglais par la même traductrice, la version dans Jones, *op. cit.,* donne : « Si je n'étais pas fiancé, si j'étais vraiment intrigant, j'essaierais, je crois, d'exploiter la situation, puisque rien n'est aussi dangereux qu'une jeune fille possédant les traits d'un homme qu'on admire. »

[35] E.J., *op. cit.,* Lettre à Charcot du 10 ou 11 décembre 1885.

[36] E.J., *ibid.,* p. 230.

3. Joseph Breuer, le grand frère

Joseph Breuer (1842-1925), dont nous allons reparler plus loin, n'est pas, exactement, pour Freud, un cas de transfert paternel, malgré un certain rôle paternel de protecteur durant une quinzaine d'années. De quatorze ans seulement son aîné, il s'agit en somme de la grande amitié d'un « grand frère », mais Freud est toujours conscient des limites de Breuer, de ce qu'il demande à Breuer et de ce que Breuer peut lui apporter. Breuer préfigure-t-il le frère, le double Wilhem Fliess ? Peut-on dire que Breuer introduit au cas Fliess ? Il y introduit. Il est un catalyseur dans la vie de Freud par *son insuffisance* même à être le père ou bien le double, entre 1882 et 1895. Freud le rencontre à l'Institut vers 1880...

4. Fliess, le double

Il s'agit de tout autre chose concernant Wilhem Fliess (1858-1928).

« L'emprise de Fliess »[37], elle, dure de 1885 à 1900. Elle n'échappe pas à madame Fliess qui

avec le temps, se montre toujours plus jalouse des relations très amicales de son mari avec le médecin viennois. Elle fit tout son possible – encouragée en cela par Breuer ! – pour les brouiller[38].

Dès que cela leur était possible, les deux amis, hors de leurs bonnes vieilles villes de Vienne ou de Berlin, allaient passer quelques jours ensemble. Généralement deux ou trois jours. Freud appelait cela leurs « congrès ». Ceux-ci durent une dizaine d'années, de 1890 à 1900. Freud trouve en Fliess la possibilité de faire de lui une idéalisation de Breuer. Il représente un Breuer paré de toutes les qualités que lui-même,

---

[37] E.J., *ibid.*, p. 317.
[38] E.J., *ibid.*, p. 317.

Freud, aurait voulu que ce dernier possédât. Fliess est celui qui ose, qui « s'autorise de lui-même » dirait-on aujourd'hui après Lacan. Freud lui écrira :

Il est impossible de se passer des gens qui ont le courage de créer de nouvelles idées avant même d'en pouvoir démontrer l'exactitude[39].

Freud institue Fliess en censeur tout-puissant ; c'est un véritable *grand Autre* en langage lacanien :

Tes louanges sont pour moi du nectar et de l'ambroisie[40].

Des êtres comme toi ne devraient jamais disparaître. Nous manquons trop, nous autres, de gens de ton espèce. Quels remerciements ne te dois-je pas pour la consolation, la compréhension, l'encouragement, que tu m'apportes dans ma solitude ; tu m'as fait saisir le sens de l'existence et, dernièrement, tu m'as rendu la santé, ce que nul autre aurait pu faire. C'est avant tout ton exemple qui m'a permis d'acquérir la force intellectuelle de me fixer à mon propre jugement...et d'affronter, comme toi, avec une résignation voulue, toutes les épreuves que me réserve peut-être la vie. Pour tout cela, accepte mes simples remerciements[41].

Concernant les périodicités mâle et femelle et les recherches de Fliess sur la date, dans le cycle menstruel, où le coït ne comporterait aucun risque de fécondation, Freud dit de celui-ci qu'il le considère « comme le messie »[42], et entrevoit déjà la statue qui pourrait lui être érigée.

Les lettres se succèdent et s'accélèrent, le transfert se précise :

---

[39] S.F., *La naissance de la psychanalyse, op. cit.,* Lettre à Fliess du 8 décembre 1895, p. 122.
[40] E.J., *op. cit.,* Lettre à Fliess du 14 juillet 1894, p. 328.
[41] *Ibid.,* Lettre à Fliess du 1er janvier 1896, p. 329.
[42] *Ibid.,* Lettre du 10 juillet 1893, p. 331.

- Le 30 juin 1896, l'idée d'une prochaine rencontre, d'un prochain « congrès » avec Fliess le réjouit comme quelqu'un « qui va enfin assouvir sa faim et sa soif ».
- Le 4 mai 1897, après leur « congrès » de Nuremberg, il « se trouve dans un état de continuelle euphorie et travaille comme un jeune homme ».
- Le 8 août 1897, la perspective d'un nouveau « congrès » lui paraît être « une véritable réalisation de désir, un beau rêve qui se transforme en réalité ».
- Le 3 avril 1898 : « Après chacun de nos congrès, je me sens réconforté pour plusieurs mois, de nouvelles idées ont jailli, mon dur travail m'a été une nouvelle joie et l'espoir intermittent de me frayer un chemin dans la jungle est lui, affermi et brillant. Cette période d'abstinence ne m'apprend rien que je n'aie toujours su : l'importance pour moi de mes rencontres. »
- Le 18 mai 1898 : « Sans public, je ne puis rien écrire, mais je suis parfaitement satisfait de n'écrire que pour toi ».
- Le 7 mai 1900, il écrit encore : « Rien ne saurait pour moi remplacer les contacts avec un ami ; c'est un besoin qui répond à quelque chose en moi – peut-être à quelque tendance féminine ».

Et puis un jour, la décision est prise, nous sommes le 23 mars 1900 :

Je n'ai jamais éprouvé aussi profondément ni avec autant de persistance que pendant ces six derniers mois le besoin de vivre dans le même endroit que toi et les tiens. J'ai traversé, tu le sais, une crise intérieure profonde et, quand nous nous rencontrerons, tu pourras voir combien elle m'a fait vieillir. C'est pourquoi j'ai été très ému en apprenant que tu proposais une rencontre à Pâques.
Quelqu'un qui ignorerait l'art d'interpréter avec subtilité les contradictions trouverait incompréhensible que je n'accepte pas d'emblée cette proposition. En réalité, tout permettrait de supposer que je veux t'éviter. Il ne s'agit pas seulement de ma nostalgie presque enfantine du printemps, d'une nature plus belle, tout cela je le sacrifierais bien au plaisir de t'avoir trois

jours auprès de moi ; mais il y a d'autres motifs intérieurs faits d'un agrégat d'impondérables qui pèsent lourdement sur moi... Je me sens intérieurement très appauvri. J'ai été obligé de démolir tous mes châteaux en Espagne et c'est maintenant seulement que je récupère un peu de courage pour les reconstruire. Tu m'aurais été un inappréciable secours pendant cet écroulement catastrophique ; au stade actuel, je serais à peine capable de me faire comprendre de toi. Grâce à une certaine diète d'ordre intellectuel, j'ai pu vaincre cet état de dépression qui est maintenant en voie de lente guérison du fait même de la diversion. En ta compagnie, j'essaierais inévitablement de tout rassembler pour te l'exposer, nous parlerions raison et science, et tes découvertes biologiques si belles, si positives, éveilleraient au plus profond de moi-même un sentiment (impersonnel) de jalousie. En fin de compte, je passerais cinq jours à me plaindre, et c'est dans un état de trouble et d'insatisfaction que j'aborderais l'été, pendant lequel j'aurai vraisemblablement besoin d'être bien maître de moi. Nul ne peut alléger mon fardeau, c'est ma croix, il faut que je la porte, et Dieu sait que mon dos s'en est bien courbé...[43]

Leur ultime rencontre aura lieu à Achensee, dans le Tyrol, en septembre 1900. Freud a 44 ans. Jusqu'à ce moment de bascule, rien n'y aura fait. A la fin des années 1890, en 1898 plus précisément, les calculs de Fliess sur les périodes sexuelles prennent une extension... cosmique. Freud à ce moment aura été jusqu'à qualifier son ami, le 30 juillet 1898, de « Képler de la biologie ».

Mais ce sera néanmoins la rupture, donc, au cours de l'été 1900. Freud se fait critique. Fliess répond aux critiques de Freud à propos des lois de périodicité. Il le traite de « liseur de pensées », et l'accuse de « ne lire chez ses malades que ses propres pensées ». Notons un paragraphe, un seul, le dernier qui clôt le chapitre XIII de *La vie et l'œuvre de Freud :*

---

[43] *Ibid.,* Lettre du 23 mars 1900, pp. 333-334.

La rupture laissa une cicatrice qui s'effaça néanmoins peu à peu. L'admiration qu'avait éprouvée Freud pour Fliess persista, mais sous une forme modifiée. Quant au ressentiment, il finit lentement par disparaître [44].

5. Carl Gustav Jung, le premier transfert filial

Dans cette période qui va de 1876 à 1916, il nous faut encore dire quelques mots de cette autre figure du transfert qu'est Carl Gustav Jung avec lequel Freud échange de nombreuses lettres entre avril 1906 jusqu'à septembre 1913 environ, leur dernière rencontre ayant lieu au Congrès de Munich. Nous avons utilisé déjà l'un de leurs échanges verbaux comme argument subsumant toute l'importance que Freud accorde déjà à la question dès cette époque de la première visite que celui-là fait à Freud le dimanche 27 février 1907, dit Jones qui se trompe ; en fait, le 3 mars, à dix heures du matin. Mais, si Freud avait été dans un transfert paternel à Brücke, semi-fraternel à Breuer, transitiviste-fraternel à Fliess, avec Jung il est, pourrait-on dire, déjà dans un transfert filial. Freud en 1907 a 51 ans. Il appellera parfois Jung son « fils et héritier ». Freud pensait que, parmi ses disciples, Jung et Otto Gross étaient les seuls esprits originaux[45]. Que Jung serait le Josué destiné à explorer la terre promise de la psychiatrie que Freud, tel Moïse, avait seul été autorisé à apercevoir de loin[46].

Pourtant, dans sa correspondance, Freud ne tutoiera jamais Jung. Il lui donne assez rapidement du « Cher Ami », jusqu'à sa lettre du 13 juin 1912. Dans la lettre suivante datée du 14 novembre 1912, il réadopte le « Cher Docteur » du début.

---

[44] *Ibid.*, Chapitre XIII, *Fliess et Freud,* p. 350.

[45] Sigmund Freud-Carl Gustav Jung, *Correspondance,* Nrf, Gallimard, 2 tomes Paris, 1975, Lettre à Jung du 28 février 1908. Et Ernest Jones, *op. cit.,* Tome II, *Les années de maturité,* p. 35.

[46] *Ibid.,* Lettre à Jung du 17 janvier 1909. Et E.J., *op. cit.,* Tome II, p. 35.

Mais tout cela n'a qu'un temps et, nous le remarquons un temps de plus en plus court. Tout cela se rétrécit. Qu'est-ce à dire ? Le transfert fonctionnerait-il comme une peau de chagrin ? La première lettre que nous pouvons lire qui suit la rencontre Freud-Jung, la lettre de Freud à Jung du 7 avril 1907 indique déjà le développement de la surface du transfert par une sorte d'équivalent papier : Freud choisit ce jour-là pour lui écrire un papier à lettres de plus grand format, 16,5 x 20 cm, sans en-tête, précise la note de la page 73 du tome I de *la Correspondance :*

Cher et honoré collègue,
Je choisis un autre papier, parce que je veux parler avec vous sans contraintes.

Pour lui dire quoi ?

Votre voyage était une action très aimable et digne de gratitude ; j'aurais envie de vous répéter par écrit plusieurs choses que je vous ai confessées oralement, avant tout que votre personne m'a rempli de confiance en l'avenir, que je sais à présent que je suis remplaçable comme tout autre, et que je ne souhaite pas d'autre et de meilleur continuateur que vous pour achever mon travail, tel que j'ai fait votre connaissance. Je suis sûr que vous ne laisserez pas le travail en plan, [...] [47]

C'est précisément le contraire qui va advenir. Très exactement Jung laissera ce travail, celui de Freud et celui de l'Organisation internationale, littéralement « en plan ».

En fait, de 1876 à 1913-1914, Freud répète le transfert paternel, fraterno-paternel, fraternel jusqu'à la « frérocité » même (ou « m'aime »), et enfin filial. Il montre beaucoup de difficulté à s'en sortir, à s'en libérer sans retomber dans son aliénation. C'est à chaque fois, à chaque fin de transfert, comme l'on dit, suite au prochain numéro. Un « fils » chasse l'autre.

---

[47] S.F., - C.G.J., *op. cit.,* Lettre du 7 avril 1907 à Jung, p. 73

Ferenczi ne sera-t-il point appelé « Mon cher fils », au long de cette longue amitié qui dure de 1908 à 1933 jusqu'à la mort prématurée, pour cause de maladie, de ce dernier ? Plus de mille lettres jalonnent cette amitié paterno-filiale. Quelques autres noms seraient ici en outre à considérer dans leurs rapports à Freud, Abraham, Rank, Jones lui-même... Encore en mai 1931, avec quelqu'un qui n'est pourtant pas de la saga des disciples, Romain Rolland, et qu'il ne rencontre qu'une seule fois le 14 mai 1924 par l'entremise de Stefan Zweig, il peut écrire toujours de telles phrases qui laissent perplexe...

Je puis vous avouer que je n'ai presque jamais ressenti comme avec vous cette mystérieuse attraction d'un être vers un être - liée peut-être, d'une façon ou d'une autre, à la connaissance de toutes nos différences[48].

Cependant, c'est du côté de la pratique de cette nouvelle « science » qu'il invente, la psychanalyse, que Freud est amené, et dans son champ spécifique, à formuler la question. C'est vers cette pratique clinique que nous allons maintenant nous tourner.

48 Sigmund Freud-Romain Rolland, *Correspondance,* 1923-1936, d'Henri Vermorel et Madeleine Vermorel, PUF, coll. Histoire de la psychanalyse, 1993.

CHAPITRE II

LA BUTEE CLINIQUE DU TRANSFERT

1. La petite Bertha

C'est bien plus au niveau de sa *praxis* que Freud ne va plus pouvoir éluder la question comme il le fait depuis toujours avec ses amitiés amoureuses, sans parler ici des relations intra-familiales dont on sait l'importance, et spécialement des figures paternelle et maternelle.

Il est amené à formuler la question du transfert dès la mésaventure de Joseph Breuer avec le cas d'Anna O., Bertha Pappenheim pour l'appeler par son nom, ce qui n'est pas anodin car Bertha, c'est : 1) le nom de sa patiente, 2) celui de sa fille de 6 ans, son deuxième enfant, 3) celui… de sa mère ! Ce cas occupe Breuer de décembre 1880 à juin 1882.

Freud en entend parler, après la fin du traitement, le 18 novembre 1882. Il en parle lui-même à Charcot lors de son séjour à Paris, durant l'hiver 1885-1886. Celui-ci dont « les pensées semblaient ailleurs » reste indifférent, ce qui refroidit Freud [49]. C'est la « talking cure », la « cure par la parole » qui s'inaugure à cette occasion aux dires même de Bertha Pappenheim qui appelle aussi le procédé cathartique « chimney swipping » c'est-à-dire « ramonage de cheminée ». C'est une métaphore du coït comme le confirmera plus tard Freud dans sa *Correspondance*[50]. Elle ne parle qu'anglais à l'époque. Breuer, assez vite dépassé par les événements, complète la cure

---

[49] E.J., *op. cit.,* tome I, pp. 247-249.

[50] E.J., *op. cit.,* tome II, p. 468, Lettre à Jung du 21 novembre 1909. « La raison pour laquelle on suppose que le ramonage d'une cheminée porte bonheur est que ce ramonage constitue un symbole inconscient du coït, fait auquel Breuer n'a certainement pas songé. »

vespérale par, le matin, une hypnose. Il y consacre et s'y consacre donc plusieurs heures quotidiennement. Jusqu'au jour où le transfert, flambant neuf, va frapper. Jones, fine mouche en la matière, nous précise qu'

il semble que Breuer ait eu, à l'égard de son intéressante malade, ce que nous qualifierons aujourd'hui de contre-transfert manqué. Cependant, ce cas l'absorbait à tel point que sa femme se lassa de ne l'entendre parler que de ce sujet et, sans l'avouer, en éprouva bientôt une jalousie qui la rendit triste et soucieuse. Breuer préoccupé comme il l'était mit longtemps à s'en apercevoir et à comprendre les motifs de cet état d'âme qui provoqua toutefois en lui une violente réaction, imputable sans doute à un mélange d'amour et de remords[51].

Il met un terme au traitement nous apprend Jones, annonce sa décision à sa patiente qui, le soir même, est en proie aux douleurs d'un accouchement hystérique (*pseudocyesis*) d'une grossesse imaginaire liée aux soins du bon docteur Breuer qui, de son chevet, s'enfuit. Le jour suivant, il part avec sa femme à Venise : seconde lune de miel, pendant laquelle aurait été conçue sa fille Dora, qui se suicidera soixante ans plus tard à Vienne pour échapper aux nazis [52].

En fait, le Breuer de Jones est un personnage partiellement imaginaire, si l'on en croit Henri F. Ellenberger. Ces faits racontés avec aplomb par Jones seraient purement inventés[53]. La petite Dora est née le 11 mars 1882, alors que l'incident et le départ à Venise des époux Breuer se situent en juin 1882 !

Martha, dit Jones [54], *s'identifia immédiatement à la femme de Breuer et souhaita que jamais pareille chose ne lui advînt à elle. Freud, dans sa réponse, lui reproche la vanité dont elle fait preuve en supposant que son mari puisse jamais rendre*

---

[51] E.J., *op. cit.*, tome I, p. 247.

[52] E.J., *ibid.*, p. 248.

[53] Henri F. Ellenberger, *A la découverte de l'inconscient,* Simep, Villeurbanne, 1974.

[54] E.J., *ibid.*, p. 248.

d'autres femmes amoureuses de lui. « Il faut être Breuer pour que cela arrive[55]. »

Et Freud, cependant, se le tînt pour dit… Mais à cause de cet incident, il se heurte à une résistance tenace de Breuer entre 1885 et 1895, durant dix ans donc, pour amener celui-ci à retrouver son intérêt pour l'étude de l'hystérie, et permettre au public de connaître la découverte qu'il a faite avec Bertha Pappenheim au moyen de sa « méthode cathartique ». Pour faire tomber sa répugnance, Freud raconte à Breuer, comme il nous en fait le récit dans sa *Selbsdarstellung* :

Alors qu'une fois, j'avais délivré de son mal l'une de mes patientes les plus dociles, chez qui l'hypnose avait permis de réaliser les plus remarquables prodiges, en ramenant l'accès douloureux à sa cause, elle me passa à son réveil les bras autour du cou. L'entrée inopinée d'une personne de service nous évita une explication embarrassante, mais, par un accord tacite, nous renonçâmes dès ce moment à poursuivre le traitement par hypnose. Je gardai la tête assez froide pour ne pas porter ce hasard au compte d'un charme personnel irrésistible, et pensai avoir désormais saisi la nature de l'élément mystique qui était à l'œuvre derrière l'hypnose. Pour le mettre hors circuit, ou tout au moins pour l'isoler, il fallait abandonner l'hypnose[56].

A Breuer il explique pour quelles raisons il convient de considérer ces fâcheux incidents de parcours comme le résultat des phénomènes transférentiels, caractéristiques de certains types d'hystérie. Breuer se calme. Et Freud s'assure ainsi de sa collaboration, étant convenu que la question de la sexualité serait reléguée au second plan pour la présentation publique. Les *Studien über Hysterie* de 1895 sont mises au point et Breuer de déclarer alors à propos du phénomène du transfert :

---

[55] E.J., *ibid.,* Lettre de Freud à Martha Bernays du 11 novembre 1883, p. 248.

[56] S.F., *Selbsdarstellung, op. cit.,* trad. fr., p. 47

C'est là, je crois, la chose la plus importante que nous ayons tous deux à révéler au monde[57].

2. Alors vint Dora

Jones nous dit que :

Le 1er octobre 1900, Freud annonce à Fliess qu'il traite une nouvelle malade, une jeune fille de dix-huit ans. Elle devait, cinq ans plus tard, sous le nom de Dora, devenir l'objet d'une observation, la première en date des grandes descriptions de cas. Le traitement ne dura que onze semaines, car la patiente l'interrompit le 31 décembre. Freud termina l'exposé de ce cas le 24 janvier 1901, mais, par discrétion professionnelle, ne le publia qu'en avril 1905. [...]
Freud déclare que la malade revint le voir dix-huit mois plus tard, le 1er avril 1902, quinze jours après avoir lu dans les journaux qu'il avait été nommé professeur[58].

Cette cure est, rappelons-le, un échec. Et un échec qui bascule comme tel sur la question du repérage du transfert : à quelle place est Freud ?

Il semble pertinent de suivre ce qu'Octave Mannoni énonce lorsqu'il indique en quoi l'hésitation sur le titre que Freud devait donner vient signifier un problème : « Rêve et hystérie » ou « Fragment d'une analyse d'hystérie ». Le premier titre, s'il avait été gardé aurait mieux encore indiqué en quoi le cas Dora reste empêtré dans *Die Traumdeutung, L'interprétation des rêves,* datée de 1900, et la méthode qu'il y développe. Il repose d'ailleurs essentiellement sur l'interprétation de deux rêves.

Nous y voyons que Freud avait soigné le père de Dora, et c'est ce père qui la lui avait amenée « pour qu'il la ramène à la

57 G.W., XIV, p. 563 et E. Jones, *op. cit.,* tome I, p. 276.
58 E.J., *op. cit.,* tome I, p. 397.

raison ». C'est là, certainement, et dès le début, que sont posées les difficultés qui feront échouer la cure – et précisément par le biais du transfert. Dora s'est plainte d'avoir été traitée comme un objet d'échange dans les intrigues du père. Il la traite encore comme un objet quand il demande à Freud de se charger de la rendre moins gênante pour lui. Et sans doute, le transfert du père sur Freud joue-t-il quelque rôle quand il la lui apporte comme sa propre plainte... On voit assez que le père est l'auteur principal des désordres qui règnent dans le milieu familial ; Dora aussi prétend le « ramener à la raison » et sous ce prétexte ajoute considérablement au désordre existant...

Dans son post-scriptum, Freud regrette de ne pas avoir été assez attentif au transfert et à l'homosexualité. D'une certaine façon, pourtant, il y a été attentif. Mais il en était encore à la bisexualité de Fliess (on le voit dans une lettre où il parle du cas le 30.01.1900), et il a encore la conception du transfert qu'avait apporté l'étude du rêve et des souvenirs-écrans : le déplacement de l'« intensité psychique » d'une représentation à une autre sous l'effet du désir inconscient. Nous le voyons bien dans l'analyse du premier rêve : comme la fumée y figure, que Freud est grand fumeur, et qu'il aime à répéter : « Pas de fumée sans feu », il essaie de se situer par ce moyen dans le transfert de Dora, et manque ainsi les autres signes plus pertinents.

Il est difficile de douter que le premier rêve, qui est un rêve récurrent (qu'elle avait fait auparavant à beaucoup de reprises), date d'avant l'analyse. La question a une importance, pour la théorie du transfert, de savoir si Dora apportait un fantasme, comme un scénario écrit d'avance avec un rôle à faire jouer, à qui elle pourrait en donner l'emploi.

On sait avec quel sang-froid et quelle décision délibérée elle arrêta l'analyse. C'est seulement en 1914 que Freud pourra donner l'explication théorique de ce genre d'action. [...] Ainsi Dora joue-t-elle son scénario au lieu de l'analyser[59].

[59] Octave Mannoni, *Freud,* Ecrivains de toujours, Seuil, 1968, pp. 103-104.

Il faut donc lire, ou relire le cas Dora, c'est-à-dire les quatre-vingt-onze premières pages des *Cinq psychanalyses*[60]. Il s'agit d'un quatuor : le père de Dora, Dora, M. K..., Mme K... – la mère de Dora, chose curieuse, paraît peu compter. Son sort est très vite réglé. Que dit Freud ? Il faut attendre la page 43 pour qu'il aborde le problème.

Derrière l'idée prévalente qui avait pour objet les rapports de son père avec Mme K..., se dissimulait en réalité aussi un sentiment de jalousie dont l'objet était Mme K... – sentiment qui ne pouvait être fondé que sur une inclination homosexuelle.

Puis, page suivante :

Lorsque Dora parlait de Mme K..., elle faisait l'éloge de la « blancheur ravissante de son corps » sur un ton qui rappelait plutôt celui d'une amoureuse que celui d'une rivale vaincue.

Pages 45-46 :

Je ne crois pas me tromper en admettant que les idées prévalentes de Dora, relatives aux rapports de son père avec Mme K..., étaient destinées, non seulement à réprimer l'amour jadis conscient pour M. K..., mais aussi à masquer l'amour, inconscient dans le sens le plus profond, pour Mme K.... Les idées prévalentes étaient directement opposées à cette tendance. Dora ne cessait de répéter que son père l'avait sacrifiée à cette femme, elle manifestait bruyamment qu'elle lui enviait la possession de son père, et se dissimulait ainsi le contraire, à savoir qu'elle ne pouvait pas ne pas envier à son père l'amour de cette femme et qu'elle n'avait pas pardonné à cette dernière, tant décriée, la déception d'avoir été trahie par elle. Le sentiment de jalousie féminin était accouplé, dans l'inconscient, à une jalousie analogue à celle qu'aurait éprouvée un homme.

---

60 S.F., *Fragment d'une analyse d'hystérie (Dora)*, trad. M. Bonaparte et R. Loewenstein, rév. par A. Berman in *Cinq psychanalyses*, Paris, PUF, 1970, pp. 1-91.

Ces sentiments virils ou, pour mieux dire, gynécophiles – précise alors Freud –, *doivent être considérés comme typiques dans la vie amoureuse inconsciente des jeunes filles hystériques.*

Puis suit le premier rêve et son commentaire, de la page 46 à la page 69. A la page 51, la note n°2 en bas de page précise :

J'ajoutai encore ceci : « Il me faut d'ailleurs conclure, du fait de la réapparition du rêve ces jours derniers, que vous considérez la même situation comme s'étant reproduite, et que vous avez décidé de ne plus vous prêter à une cure à laquelle, seul votre père vous a décidé de recourir ».

Et qui par l'analyse de ce rêve révèle que se réveille son ancien amour pour son père afin de se défendre de son amour pour M. K… ; et que plus encore, elle se craint elle-même et redoute la tentation de lui céder. Se confirme ainsi, ici, pour Freud, l'intensité de son amour pour M. K…

La suite, dit Freud, montra la justesse de mes suppositions. Mon interprétation effleurait ici le thème, extrêmement important, tant au point de vue pratique qu'au point de vue théorique, du « transfert », thème que je n'aurai que peu d'occasions d'approfondir au cours de cet essai.

C'est bien dommage, pourrait-on dire, mais cela nous montre, enquête à l'appui, que Freud est loin d'être au point sur la question entre 1900 et 1905. Mais il en est, cependant, comme au pied du mur. Il n'acceptera véritablement le transfert dans sa marque structurale définitivement qu'en 1912, écrivant dorénavant le mot *Übertratung* essentiellement au singulier. Néanmoins, le *transfert* au singulier est déjà là, *in statu nascendi*, dans le cas Dora.

Octave Mannoni fait remarquer, en quelque sorte, que pour Freud, il n'y a pas de fumée sans *son* feu. Allons page 54 :

Si je rassemble enfin tous les signes qui rendent probables un transfert sur moi, étant donné que je suis aussi fumeur, j'arrive à penser qu'un jour, pendant la séance, elle eut sans doute l'occasion de souhaiter de ma part un baiser. Ce fut pour elle l'occasion de répéter ce rêve d'avertissement et de prendre la résolution de cesser la cure. Tout ceci s'accorde très bien, mais échappe à la démonstration à cause des particularités du « transfert ».

Cependant, page 78, en note N°2 de la page 77 :

Je n'aurais pas été surpris d'apprendre que Mme K... elle-même, la calomniatrice, eût été cette source (de ses connaissances sexuelles si avancées). C'est elle que Dora aurait si généreusement épargnée, tandis qu'elle persécutait toutes les autres personnes de sa vengeance sournoise. Derrière cette multitude de déplacements résultant de l'analyse, on pourrait inférer un simple motif : le profond amour homosexuel pour Mme K...

Puis Freud va enfin nous révéler son maniement du transfert. On est à la fin de l'exposé du cas, page 82, juste avant la conclusion :

Serais-je parvenu à retenir la jeune fille si j'avais moi-même joué vis-à-vis d'elle un rôle, si j'avais exagéré la valeur qu'avait pour moi sa présence et si je lui avais montré la tendresse tant désirée par elle ? Je ne sais. Comme une partie des facteurs qui s'opposent à nous en tant que résistance nous restent, dans tous les cas, inconnus, j'ai toujours évité de jouer des rôles et me suis contenté d'une part psychologique plus modeste. Malgré tout l'intérêt théorique, tout le désir qu'a le médecin d'être secourable, je me dis qu'il y a des limites à toute influence psychique et je respecte de plus la volonté et le point de vue du patient.

Freud, comme il le dit, se refuse à jouer « des rôles ». Son maniement du transfert ne passe pas par une manipulation de l'autre, dans la comédie de l'amour qu'il pourrait lui jouer comme un acteur de théâtre. Mais il n'en renonce pas moins à l'espoir qu'il nourrit des vertus de « l'amour médecin »,... pour les autres. Quelques lignes plus loin, concernant M. K..., page 82 :

S'il avait passé outre (la gifle), s'il avait continué à la courtiser avec une passion capable de la convaincre, peut-être l'amour aurait-il vaincu les difficultés internes.

Arrive enfin (partie IV), la Conclusion page 83. La note en bas de la page revisite à nouveau « l'amour pour Mme K... », comme faisant partie de la quatrième assise d'idées enfouies au plus profond. Et c'est à cet instant que Freud va alors livrer sa théorie du transfert, celle qui lui va à cette date. D'abord, page 86, cette notation :

La cure se déroule tout autrement là où des symptômes se sont mis au service des motifs externes relatifs à la vie du malade. (c'est le cas de Dora) [...] ; les symptômes ne disparaissent pas pendant le travail, mais quelques temps après, lorsque les rapports avec le médecin sont rompus. Le retard apporté à la guérison ou à l'amélioration n'est en réalité dû qu'à la personne du médecin.

Puis vient cette théorie :

Ajoutons encore quelque chose afin de rendre compréhensible cet état de choses. On peut dire que généralement la production de nouveaux symptômes cesse pendant la cure psychanalytique. Mais la productivité de la névrose n'est nullement éteinte, elle s'exerce en créant des états psychiques particuliers, pour la plupart inconscients, auxquels on peut donner le nom de transferts.
Que sont ces transferts ? Ce sont de nouvelles éditions, des copies des tendances et des fantasmes qui doivent être éveillés et rendus conscients par le progrès de l'analyse, et dont le trait caractéristique est de remplacer une personne antérieurement

connue par la personne du médecin. Autrement dit, un nombre considérable d'états psychiques antérieurs revivent, non pas comme états passés, mais comme rapports actuels avec la personne du médecin. Il y a des transferts qui ne diffèrent en rien de leur modèle quant à leur contenu, à l'exception de la personne remplacée. Ce sont donc, en se servant de la même métaphore, de simples rééditions stéréotypées, des réimpressions. D'autres transferts sont faits avec plus d'art, ils ont subi une atténuation de leur contenu, une sublimation, comme je le dis, et sont même capables de devenir conscients en s'étayant sur une particularité réelle, habilement utilisée, de la personne du médecin ou des circonstances qui l'entourent. Ce sont alors des éditions revues et corrigées, et non plus des réimpressions.

Si l'on considère la théorie de la technique psychanalytique, on se rend compte que le transfert en découle nécessairement. Pratiquement du moins, on se rend à l'évidence qu'on ne peut éviter le transfert par aucun moyen et qu'il faut combattre cette nouvelle création de la maladie comme toutes les précédentes. Mais cette partie du travail est la plus difficile. L'interprétation des rêves, l'extraction d'idées et de souvenirs inconscients des associations du malade ainsi que les autres procédés de traduction sont faciles à apprendre ; c'est le malade lui-même qui en donne toujours le texte. Mais le transfert, par contre, doit être deviné sans le concours du malade, d'après de légers signes et sans pécher par arbitraire. Cependant, le transfert ne peut être évité, car il est utilisé à la formation de tous les obstacles qui rendent inaccessible le matériel, et parce que la sensation de conviction relative à la justesse des contextes reconstruits ne se produit chez le malade qu'une fois le transfert résolu.

On sera porté à considérer comme un grave inconvénient du procédé analytique, déjà incommode sans cela, le fait qu'il accroît le travail du médecin en créant une nouvelle sorte de phénomènes psychiques pathologiques. On sera peut-être même tenté d'en déduire que, par l'existence du transfert, la cure psychanalytique peut porter préjudice au malade. Ces deux considérations sont erronées. Le travail du médecin n'est pas accru par le transfert ; il peut, en effet lui être indifférent, étant donné qu'il doit vaincre une certaine tendance du malade, que cette tendance se manifeste par rapport à lui, médecin ou par rapport à quelque autre personne. Et la cure n'impose pas non plus au malade, du fait du transfert, des efforts qu'il n'aurait pas eu à fournir. Si des névroses guérissent aussi dans des maisons de santé où aucune méthode psychanalytique n'est employée, si l'on a pu dire que l'hystérie est guérie non par la méthode, mais par le médecin, si une sorte de dépendance aveugle et d'attachement perpétuel se manifeste d'ordinaire du malade au médecin qui l'a délivré de ses symptômes par la suggestion hypnotique, l'explication scientifique en réside dans les transferts que le malade effectue régulièrement sur la personne du médecin. La cure analytique ne crée pas le transfert, elle ne fait que le démasquer comme les autres phénomènes psychiques cachés. Ce qui différencie les autres cures de la psychanalyse ne se manifeste qu'en ceci : le malade, au cours des traitements, ne fait spontanément appel qu'à des transferts affectueux et amicaux en faveur de sa guérison ; là où c'est impossible, il se détache aussi vite que possible du médecin qui ne lui est pas « sympathique » et sans s'être laissé influencer par lui. Dans le traitement psychanalytique, par contre, et ceci en rapport avec une autre motivation, toutes les tendances, même les tendances hostiles, doivent être réveillées, utilisées pour l'analyse en étant rendues conscientes ; ainsi se détruit sans cesse à nouveau le transfert. Le transfert, destiné à être le plus grand obstacle à la psychanalyse, devient son plus puissant auxiliaire, si l'on réussit à le deviner chaque fois et à en traduire le sens au malade.

Ici, une note en bas de la page renvoie (note de 1923), au texte *Die Übertragungsliebe* (*l'amour de transfert*), de 1915, comme « suite de ce qui est dit à propos du transfert. » Nous voyons donc que Freud, de lui-même, nous indique la marche à suivre de l'enquête. Il nous incite à faire, rétrospectivement, un saut de quinze ans, nous indiquant ainsi que la suite de sa théorie se trouve là.

La fin du cas Dora applique la thèse soutenue dans ce long passage que nous venons de citer. Mais, quel est le « grand défaut » du cas Dora aux yeux même de Freud, dans un certain après-coup ? Nous le trouvons énoncé page 88 :

Je ne réussis pas à me rendre à temps maître du transfert. [...]. Au début, il apparaissait clairement que je remplaçais, dans son imagination, son père, ce qui se conçoit aisément, vu la différence d'âge entre elle et moi.

Plus loin, page 89 :

[...] j'aurais dû me mettre sur mes gardes et lui dire : « Vous venez de faire un transfert de M. K... sur moi. [...] Ainsi je fus surpris par le transfert et c'est à cause de ce facteur inconnu par lequel je lui rappelais M. K..., qu'elle se vengea de moi, comme elle voulait se venger de lui ; et elle m'abandonna comme elle se croyait trompée et abandonnée par lui. Ainsi, elle mit en action *une importante partie de ses souvenirs et de ses fantasmes, au lieu de la reproduire dans la cure [...]. Là où l'on arrive de bonne heure à englober le transfert dans l'analyse, celle-ci se déroule plus lentement et devient moins claire, mais elle est mieux assurée contre de subites et invincibles résistances.*

Page 90 :

Car, par quel moyen la malade pouvait-elle mieux se venger de son médecin qu'en lui faisant voir sur sa propre personne à quel point il était impuissant, incapable ?

Plus tard, en 1902, quand elle reviendra requérir son aide pour une névralgie faciale droite dont elle souffrait « depuis quinze jours exactement », dit-elle (depuis quinze jours exactement Freud a été nommé professeur, elle l'a lu dans les journaux) :

Cette pseudo-névralgie équivalait donc à une autopunition, à un remords au sujet de la gifle donnée jadis à M. K... et était en rapport avec le transfert sur moi de sa vengeance. J'ignore quelle sorte d'aide elle avait voulu me demander, mais je promis de lui pardonner de m'avoir privé de la satisfaction de la débarrasser plus radicalement de son mal.

Il nous faut cependant relever ce qui restera comme l'essentiel de la critique que Freud s'adresse à lui-même, en l'occurrence la note, la fameuse note ajoutée en 1923, en bas de l'avant-dernière page, la page 90 :

J'omis de deviner à temps et de communiquer à la malade que son amour homosexuel (gynécophilie) pour Mme K... était sa tendance psychique inconsciente la plus forte. [...] J'aurais dû prendre cette énigme pour point de départ.

Lacan dira que Dora désirait M. K…, mais aimait Mme K…, lui qui commentera abondamment et en de nombreux endroits où nous aurons à revenir, le cas Dora avec l'échec de Freud comme enseignement sur le transfert.

CHAPITRE III

LA THEORIE FREUDIENNE DU TRANSFERT.

1. Un transfert très dynamique

Sur les indications même de Freud, comme nous l'avons vu plus haut, nous en venons à enquêter sur la batterie des quatre textes qui s'échelonnent de 1912 à 1916.

Nous commençons par le texte de 1912, qui rouvre donc la théorie que Freud se fait du transfert. Il s'agit de *La dynamique du transfert,* soit le chapitre VI de *La technique psychanalytique*[61]. 1912, nous sommes à la veille de la rupture avec Jung ; comme 1900-1902 était le moment de la rupture avec Fliess ! Qu'est-ce qui nous frappe ? C'est l'emploi d'emblée des mots *vie amoureuse, aimer, objets aimés*... Il s'agit :

de faire comprendre comment le transfert se produit inévitablement au cours d'un traitement et de quelle façon il arrive à y jouer le rôle que l'on sait. [...] tout individu [...] possède une manière d'être personnelle, déterminée, de vivre sa vie amoureuse, c'est-à-dire que sa façon d'aimer est soumise à certaines conditions, qu'il y satisfait certaines pulsions et qu'il se pose certains buts[62].
[...] Tout individu auquel la réalité n'apporte pas la satisfaction entière de son besoin d'amour se tourne

---

[61] S.F., *Zur Dynamik der Übertragung* (1912), in *La technique psychanalytique,* chapitre VI : *La dynamique du transfert,* PUF 1953. Paru d'abord dans le *Zentralblatt für Psychoanalyse II,* 1912, puis dans la quatrième série des *Recueils de petits écrits* sur la théorie des névroses.

[62] S.F., *op. cit.,* p. 50.

inévitablement, avec un certain espoir libidinal, vers tout nouveau personnage qui entre dans sa vie [...] [63]

Il est donc ici normal que cela se porte vers le médecin. Cela ? Il s'agit de l'investissement libidinal en attente. Et ceci se réalise selon les *imagos :* paternelle (Freud rend hommage ici à l'expression de Jung), maternelle, fraternelle. Mais quel est l'aspect particulier de ce transfert ?

C'est le fait qu'il dépasse la mesure[64].

Il est dû :

non seulement aux idées et aux espoirs conscients du patient, mais aussi à tout ce qui a été réprimé et est devenu inconscient.

Mais deux points obscurs apparaissent :

pourquoi les névrosés développent, au cours de leur analyse, un transfert bien plus intense que d'autres sujets non analysés. [...] pourquoi, dans l'analyse, c'est le transfert qui oppose au traitement la plus forte des résistances, alors qu'ailleurs il doit être considéré comme l'agent même de l'action curative et de la réussite.

Le transfert est repéré ainsi à la fois comme « le plus efficace des facteurs de la réussite » et « le plus puissant agent de la résistance ». Il apparaît qu'à la première question la réponse est non, c'est pareil qu'ailleurs ; mais pour la seconde question :

En ce qui concerne le second problème, il n'a pas été résolu à ce jour[65].

---

63 S.F., *ibid.*, p. 51.
64 S.F., *ibid.*, p. 52.
65 *Ibid.*, p. 53.

Freud va le résoudre et tout l'article est en fait concentré sur cette question : *la résistance de transfert.*

Comment cela se passe-t-il dans l'analyse ?

la quantité de libido capable de devenir consciente et de se tourner vers la réalité est devenue moindre, tandis que la partie inconsciente et non tournée vers la réalité, bien qu'elle puisse sans doute encore, tout en étant inconsciente, alimenter les fantasmes du sujet, se trouve accrue d'autant. La libido s'est engagée (soit totalement, soit en partie) dans la voie de la régression et a réactivé les imaginations infantiles. Le traitement analytique suit la libido sur ce chemin et tente de la rendre à nouveau accessible au conscient pour finalement la mettre au service de la réalité. Chaque fois que l'investigation analytique découvre une des cachettes de la libido, un conflit surgit : toutes les forces qui ont provoqué la régression se muent en « résistances » contre nos efforts pour maintenir le nouvel état des choses[66].

Mais ce sont surtout les complexes inconscients (les éléments complexuels de l'inconscient) qui provoquent les plus fortes attractions de la libido du sujet névrosé. Les résistances ont ainsi deux sources : la libido a régressée ou est *introvertie* (le mot, rappelons-le est de Jung) à cause d'un mauvais rapport d'expérience avec le monde extérieur (une frustration généralement) ; ou bien la libido a toujours été trop fortement happée, soumise aux éléments complexuels de l'inconscient. L'analyste parvient

bientôt dans une région où la résistance se fait si nettement sentir que l'association qui surgit (nächste Einfall = la plus proche, la prochaine association) alors en porte la marque et nous apparaît comme un compromis entre les exigences de cette résistance et celles du travail d'investigation. L'expérience montre que c'est ici que surgit le transfert[67].

---

[66] *Ibid.*, pp. 53-54.

[67] *Ibid.*, p. 55.

Pourquoi ? S'il y a quelque chose dans les éléments du complexe, au niveau du contenu, qui est susceptible de se reporter sur l'analyste, le transfert a lieu, il se manifeste sous la forme d'une résistance : l'exemple donné est celui de l'arrêt des associations :

l'idée de transfert, insiste Freud, *est parvenue, de préférence à toutes les autres associations possibles, à se glisser jusqu'au conscient justement parce qu'elle satisfait la résistance*[68].

Si un complexe est approché, c'est d'abord le bout de celui-ci qui peut devenir transfert qui est poussé vers le conscient et que l'analysant s'obstine à défendre farouchement. En note, à cet endroit, Freud donne une remarquable métaphore :

Il ne faudrait pas conclure cependant à une importance pathologique particulièrement grande de l'élément choisi en vue de la résistance de transfert. Quand, au cours d'une bataille, les combattants se disputent avec acharnement la possession de quelque petit clocher ou de quelque ferme, n'en déduisons pas que cette église est un sanctuaire national ni que cette ferme abrite les trésors de l'armée. La valeur des lieux peut n'être que tactique et n'exister que pour ce seul combat[69].

Il s'ensuit que :

[...] le transfert nous apparaît l'arme la plus puissante de la résistance et nous en concluons que l'intensité et la durée d'un transfert sont la conséquence et l'expression de la résistance[70].

Se pose alors la question : « D'où vient que le transfert se prête si bien au jeu de la résistance ? ». On peut bien sûr dire tout d'abord « que l'aveu d'un désir interdit devient

---

[68] *Ibid.*, p. 55.
[69] *Ibid.*, note (1) p. 55
[70] *Ibid.*, p. 56.

particulièrement malaisé lorsqu'il doit être fait à la personne même qui en est l'objet. » Mais la vraie réponse n'est pas là. C'est qu'il y a deux transferts, et non pas un seul animé d'« ambivalence »[71]. Ou plutôt, il faut mieux dire, deux sortes de transferts. L'un « positif », l'autre « négatif » et

Voici donc la solution de l'énigme : le transfert sur la personne de l'analyste ne joue le rôle d'une résistance que dans la mesure où il est un transfert négatif ou bien un transfert positif composé d'éléments érotiques refoulés. Lorsque nous « liquidons » le transfert en le rendant conscient nous écartons simplement de la personne du médecin ces deux composantes de la relation affective ; l'élément inattaquable, capable de devenir conscient, demeure et devient, pour la psychanalyse, ce qu'il est pour toutes les autres méthodes thérapeutiques : le facteur du succès[72].

Freud va ensuite reconnaître qu'il y a là encore de la suggestion, mais de la suggestion… pour la bonne cause :

Sur ce point nous admettons volontiers que les résultats de la psychanalyse se fondent sur la suggestion, toutefois il convient de donner au terme de suggestion le sens que Ferenczi (I)[73] *et moi-même lui avons attribué : la suggestion est l'influence exercée sur un sujet au moyen des phénomènes de transfert qu'il est capable de produire. Nous sauvegardons l'indépendance finale du patient en n'utilisant la suggestion que pour lui faire accomplir le travail psychique qui l'amènera nécessairement à améliorer durablement sa condition psychique*[74].

---

[71] On sait que c'est Eugen Bleuler qui introduit ce terme titre dans sa conférence à Berne en 1910, in *Demantia Praecox oder Gruppe der Schizophrenien, in Aschaffenburg's Handbuch der Psychiatrie,* 1911. Conférence publiée in *Zentralblatt für Psychoanalyse,* vol. I, p. 266.

[72] S.F., *op. cit.,* p.57.

[73] Sandor Ferenczi, *Introjektion und Übertragung, Jahrbuch für Psychoanalyse,* vol. I, 1909, in S.F., *op. cit.,* note (I) p. 58.

[74] *Ibid.,* p. 58.

A la fin de son article *Zur Dynamik der Übertragung,* Freud fait remarquer que :

Dès que l'analysé est la proie d'une intense résistance de transfert, il se voit rejeté de la réalité en ce qui concerne sa relation avec le médecin et s'arroge le droit d'enfreindre la règle fondamentale de l'analyse (suivant laquelle il doit, sans discrimination, révéler tout ce qui lui passe par l'esprit)[75].

Il devient indifférent à ce que lui dit l'analyste. Freud note bien aussi que :

Les émois inconscients tendent à échapper à la remémoration voulue par le traitement, mais cherchent à se reproduirent suivant le mépris du temps et la faculté d'hallucination propres à l'inconscient. [...] (Le patient) veut mettre en acte ses passions, sans tenir compte de la situation réelle. Or le médecin cherche à le contraindre à intégrer ces émois dans le traitement et dans l'histoire de sa vie, à les soumettre à la réflexion et à les apprécier selon leur réelle valeur psychique. Cette lutte entre le médecin et le patient, entre l'intellect et les forces instinctuelles, entre le discernement et le besoin de décharge se joue presque exclusivement dans les phénomènes du transfert. C'est sur ce terrain qu'il faut remporter la victoire dont le résultat se traduira par une guérison durable de la névrose. Avouons que rien n'est plus difficile en analyse que de vaincre les résistances, mais n'oublions pas que ce sont justement ces phénomènes-là qui nous rendent le service le plus précieux, en nous permettant de mettre en lumière les émois amoureux secrets et oubliés des patients et en conférant à ces émois un caractère d'actualité. Enfin rappelons-nous que nul ne peut être tué in absentia *ou* in effigie[76].

---

[75] *Ibid.*, p. 59.
[76] *Ibid.*, p. 60.

2. Remémorer ou répéter ?

L'enquête poursuivie nous conduit maintenant au deuxième article, celui de 1914, *Remémoration, répétition,* et *élaboration* (comme déjà remarqué plus haut, on rectifie plutôt à cet endroit : *perlaboration*)[77].

Dans ce travail, Freud réentreprend, avec le transfert, la question des résistances par le biais de la question de la *répétition,* de *l'automatisme de répétition* :

Ici le patient n'a aucun souvenir de ce qu'il a oublié et refoulé et ne fait que le traduire en actes. Ce n'est pas sous forme de souvenir que le fait oublié reparaît, mais sous forme d'action. Le malade répète évidemment cet acte sans savoir qu'il s'agit d'une répétition[78].

Freud cite alors des exemples : le patient ne se souvient pas d'avoir été insolent, insoumis à ses parents, mais il se comporte ainsi, cependant, vis-à-vis de son analyste. Il ne se rappelle pas avoir été désespéré, déconcerté, sans appuis face à la question sexuelle, mais il offre à l'analyste plein d'idées et de rêves confus, geint de ne réussir en rien, de ne jamais aboutir dans ses projets, dans sa vie. Il ne se souvient pas de la honte de certaines activités sexuelles qu'il a eu ou a, mais il affiche sa honte de faire une analyse et veut absolument la tenir secrète à son entourage.

Et surtout – dit Freud – *il commence sa cure par une répétition de cet ordre*[79].

Il y a donc quelque chose qui relie, met en rapport l'automatisme de répétition avec le transfert et la résistance :

---

[77] S.F., *Erinnern, Wiederholen und Durcharbeiten* (1914), trad. in *La technique psychanalytique,* chapitre X, *Remémoration, répétition et élaboration,* PUF, Paris, 1970, pp. 105-115.

[78] S.F., *op. cit.,* p. 108.

[79] *Ibid.,* p. 109.

Le transfert n'est lui-même qu'un fragment de répétition et que la répétition est le transfert du passé oublié [...]. Plus la résistance sera grande, plus la mise en actes (la répétition) se substituera au souvenir[80].

Suit une très intéressante notation que voici :

Lorsque le traitement débute sous les auspices d'un transfert positif faible, modéré, l'exhumation des souvenirs est, au début, aussi facile que dans l'hypnose et les symptômes morbides s'apaisent aussi pour un temps. Toutefois si, par la suite, le transfert devient hostile ou excessif et qu'il exige, par cela même, le refoulement, le souvenir fait aussitôt place à la mise en actes. A partir de ce moment, les résistances vont déterminer l'ordre des diverses répétitions. Le malade tire de l'arsenal du passé les armes avec lesquelles il va se défendre contre la continuation de l'analyse, armes dont nous devrons une à une le déposséder[81].

Le patient répète compulsivement, oui, mais quoi ? Ses inhibitions, ses attitudes inadéquates, ses traits de caractère pathologiques, et tous ses symptômes… ! Il ressent tout cela comme réel et actuel.

notre tâche à nous consiste principalement à rapporter ce que nous voyons au passé[82].

Tout cela n'est pas inoffensif ou dénué de risque et l'on rencontre à chaque fois, avec la répétition

le problème de « l'aggravation souvent inévitable des symptômes au cours du traitement[83]. »

---

[80] *Ibid.*, p. 109.
[81] *Ibid.*, pp. 109-110.
[82] *Ibid.*, p. 110.
[83] *Ibid.*, p. 111.

La résistance a la vie dure, elle

peut essayer d'exploiter la situation à son profit et d'abuser de la permission d'être malade. Elle tente alors une démonstration qui est la suivante : « Regarde un peu ce qui arrive quand je donne libre carrière à tout cela ! N'avais-je pas raison de tout confier au refoulement [84] *? »*

Face à cela, l'analyste a une tactique : sonner le rappel du souvenir

afin de maintenir sur le terrain psychique les pulsions que le patient voudrait transformer en actes [...].[85]

En conséquence de quoi, il est demandé instamment à ce dernier de ne pas prendre, en ce moment, de grave décision. En fin de compte :

C'est dans le maniement du transfert que l'on trouve le principal moyen d'enrayer l'automatisme de répétition et de la transformer en une raison de se souvenir. [...] Nous lui permettons (à cette compulsion que nous rendons anodine) l'accès au transfert, cette sorte d'arène – dit si justement Freud [86] *[...] (et) nous réussissons sûrement à conférer à tous les symptômes morbides une signification de transfert nouvelle et à remplacer sa névrose ordinaire par une névrose de transfert dont le travail thérapeutique va le guérir. Le transfert crée de la sorte un domaine intermédiaire entre la maladie et la vie réelle, domaine à travers lequel s'effectue le passage de l'une à l'autre. L'état nouvellement instauré a pris tous les aspects d'une maladie artificielle partout accessible à nos interventions*[87].

Enfin, Freud affirme que :

---

[84] *Ibid.*, pp. 111-112.
[85] *Ibid.*, p. 112.
[86] *Ibid.*, p. 113.
[87] *Ibid.*, p. 114.

la suppression des résistances a lieu, comme chacun sait, après que le médecin les ayant découvertes – en dépit du patient, qui, lui, ne les reconnaît jamais – les a révélées à ce dernier [88].

Cela ne marche pas immédiatement, bien entendu et

Il faut laisser au malade le temps de bien connaître cette résistance qu'il ignorait, de « l'élaborer interprétativement » (durcharbeiten), de la vaincre et de poursuivre [...] [89]

Pour, *in fine*

découvrir les émois pulsionnels refoulés qui alimentent la résistance. [...] Le médecin n'a donc qu'à attendre, à laisser les choses suivre leurs cours, car il ne saurait ni les éviter, ni en hâter l'apparition. S'il s'en tient à cette règle, il s'épargne maintes fois la déception d'avoir échoué bien qu'ayant toujours suivi la bonne voie [90].

Tâche ardue pour le patient, le « psychanalysant » dirions-nous aujourd'hui après Lacan, épreuve de patience pour le psychanalyste. Certes, mais, précise en fin de compte Freud :

De toutes les parties du travail analytique, elle est pourtant celle qui exerce sur les patients la plus grande influence modificatrice, celle aussi qui différencie le traitement analytique de tous les genres de traitements par suggestion [91].

---

88 *Ibid.*, p. 114.
89 *Ibid.*, p. 114.
90 *Ibid.*, p. 115.
91 *Ibid.*, p. 115.

3. Aimer, transférer

Le troisième texte, *Observations sur l'amour de transfert* est de 1915. Il occupe dans la traduction française le dernier chapitre, le chapitre XI de *La technique...*[92] *Observations...* est sans doute le texte le plus important. C'est celui que Lacan va citer au début de son séminaire sur le transfert et le texte auquel il réfère constamment. De quoi s'agit-il ? Freud est très clair. Et se mesure d'entrée de jeu le chemin parcouru.

Tout psychanalyste débutant commence sans doute par redouter les difficultés que lui offrent l'interprétation des associations du patient et la nécessité de retrouver les matériaux refoulés. Mais il apprend bientôt à attribuer moins d'importance à ces difficultés et à se convaincre que les seuls obstacles vraiment sérieux se rencontrent dans le maniement du transfert[93].

A cet endroit, nous pouvons constater que le report de la problématique de ce qui fait obstacle à la psychanalyse, de ce qui gêne son déroulement, de ce qui se met constamment en travers de son avancée, dès 1915, va se faire sur cette question du transfert.

En un mot comme en dix, directement ou indirectement, la patiente dit à son analyste, non seulement « je vous aime », mais plus précisément : « c'est vous que j'aime ». Situation pénible, comique parfois, mais en tout cas… sérieuse.

jusqu'à ce jour, nous avons omis de nous précipiter sur cette question[94].

Nous verrons plus loin que Lacan dira quelque chose de similaire lorsqu'il débutera son séminaire sur le transfert (1960-1961). Freud, pour l'instant avertit que :

---

[92] S.F., *Bemerkungen über die Übertragungsliebe* (1915), in *La technique psychanalytique, op. cit.,* Chapitre XI : *Observations sur l'amour de transfert,* pp. 116-130.

[93] *Ibid.,* p. 116.

[94] *Ibid.,* p. 116.

Faisant fi de la discrétion médicale, j'ai récemment signalé que cette même situation de transfert avait retardé d'une dizaine d'années le développement de la thérapie psychanalytique (I) [95].

Que faire en ce cas ? 1) Rarement l'union durable et légitime ; 2) Fréquemment analyste et patient(e) abandonnent le traitement et se séparent ; 3) Freud, curieusement, suggère une troisième solution ; il dit textuellement :

On peut évidemment imaginer une troisième solution, compatible avec la poursuite du traitement et qui serait l'établissement de nœuds illégitimes, non destinés à rester éternels ; mais ce dénouement est rendu impossible, tant par la morale bourgeoise que par la dignité médicale. En tous cas, notre profane demanderait à l'analyste de lui assurer que cette troisième éventualité est tout à fait exclue [96].

Mais au fond, qu'en sait Freud ? C'est la situation analytique qui veut cela. Pas les avantages personnels de l'analyste. Il n'y a donc pas à s'enorgueillir d'une quelconque « conquête ». Mais il faut simplement en être averti : çà se passe comme cela. Pour la patiente, l'alternative semble claire : c'est ou bien abandonner l'analyse, ou bien

accepter, comme un destin inéluctable, d'être amoureuse de son médecin (I) [97].

Ainsi tout est maintenant bien en place pour assister à une véritable flambée du transfert. La « malade » passe bientôt de la

---

[95] *Ibid.,* p. 117. Note (I) en bas de page : *Zur Geschichte der psychoanalytischen Bewegung (Histoire du mouvement psychanalytique),* 1914, (in *Cinq leçons sur la psychanalyse,* Paris, Payot, 1973).

[96] *Ibid.,* p. 117.

[97] *Ibid.,* p. 118. Note en bas de page : *On sait – mais je n'en parlerai pas ici – que le transfert peut se manifester par d'autres sentiments moins tendres.*

docilité à un refus de témoigner du moindre intérêt, de la moindre compréhension pour le traitement. Elle ne veut entendre ni parler elle-même que de son amour. Plus, elle demande la réciprocité. Elle renonce à ses symptômes ou les néglige, elle se déclare même « guérie ». Mais dit Freud, il faut se souvenir

que tout ce qui entrave la continuation du traitement peut être une manifestation de la résistance[98].

Freud note encore que

La malade semble avoir totalement perdu son entendement, paraît se perdre dans son amour et cette transformation s'effectue toujours à un moment où l'on pouvait justement s'attendre à ce que la patiente se révélât ou confessât une partie particulièrement pénible et profondément refoulée de sa vie[99].

D'autres facteurs compliquent parfois la situation : 1) certains se rattachent à l'état amoureux ; 2) d'autres appartiennent plus particulièrement à la résistance. Dans la première catégorie se rangent tous les efforts de la « malade » pour s'assurer qu'elle est irrésistible et tout ce qui contribue à briser l'autorité du médecin en abaissant celui-ci au niveau d'un amant afin d'obtenir tous les autres avantages secondaires d'une satisfaction amoureuse. Dans la seconde trône la bonne vieille résistance qui

se sert, en certaines occasions, de la déclaration d'amour comme d'un moyen de mettre à l'épreuve l'austère analyste et de lui attirer une rebuffade s'il se montrait consentant[100].

---

98 *Ibid.*, p. 119.
99 *Ibid.*, p. 120.
100 *Ibid.*, p. 120.

Elle agit à la manière, dit Freud en français dans le texte, d'un « agent provocateur »

en rendant plus intense l'amour de la patiente, en exagérant son consentement au don sexuel, et tout cela dans le but de justifier plus péremptoirement l'action du refoulement en faisant ressortir tous les dangers d'un semblable dérèglement[101].

Alors comment faire avec « la malade » ? Faut-il être moraliste ? Ne jamais agréer la tendresse offerte, ni y répondre ? Faut-il se poser en champion de la pureté et du renoncement ? La persuader de renoncer à ses désirs ? Etouffer, comme s'exprime Freud à cet endroit

la partie animale de son moi [...] [102] ?

Sublimer ? Ou encore, moyen terme, partager ou feindre de partager cette tendresse mais, comme l'on dit, sans « consommer » ? C'est-à-dire, pour Freud, jouer la carte de l'artifice ordinaire de la traditionnelle pratique du médecin : *de facto,* le mensonge ?

Freud va répondre, sur le plan de la technique psychanalytique de la cure. Pendant huit pages sur les quatorze que compte l'article dans sa traduction française, il va marteler, répéter sans cesse, avec une certaine redondance, la même réponse.

J'ai déjà fait entendre que la technique analytique impose au médecin l'obligation de refuser à la patiente avide d'amour la satisfaction qu'elle réclame. Le traitement doit se pratiquer dans l'abstinence [...]. [...] je me contente de poser en principe qu'il faut laisser subsister chez le malade besoins et désirs, parce que ce sont là des forces motrices favorisant le travail et le changement. [...] Qu'arriverait-il si le médecin procédait

---

101 *Ibid.,* p. 120.
102 *Ibid.,* p. 121.

différemment et s'il profitait de la liberté dont disposent lui-même et sa patiente pour répondre à l'amour de celle-ci et apaiser son besoin de tendresse[103] *?*

… Il se tromperait. Sur quel mode le ferait-il ? Vient alors l'« amusante anecdote » :

Une amusante anecdote relative à un prêtre et à un agent d'assurances nous montre ce qui arriverait. Cet agent d'assurances, un mécréant, est gravement malade, sa famille obtient de lui qu'il fasse venir un saint homme, capable de le convertir avant qu'il ne meure. L'entretien entre ce prêtre et le mourant dure très longtemps et tous ceux qui attendent hors de la chambre sont pleins d'espoir. Enfin la porte s'ouvre. Le mécréant ne s'est pas converti, mais le prêtre a contracté une assurance[104]*.*

C'est bien sûr un grand triomphe pour la malade et un total désastre pour le traitement. D'où ce principe qu'il faut maintenir la cure sur le terrain psychique. Mais pour éviter le désastre, que faut-il faire ? Il ne faut ni étouffer ni satisfaire le besoin d'amour. Il faut se garder d'ignorer le transfert amoureux, se garder de l'effaroucher, se garder d'en dégoûter la malade, jamais y répondre. On doit maintenir ce transfert, le traiter comme quelque chose d'irréel, car c'est une situation qu'on traverse, il est nécessaire de le ramener à ses origines inconscientes de telle sorte que ressurgissent dans le conscient :

tout ce qui, dans la vie amoureuse de la malade, était resté le plus secret et qui maintenant pourra aider cette dernière à le contrôler[105]*.*

Freud se montre alors fort optimiste :

[103] *Ibid.*, pp. 122-123.
[104] *Ibid.*, p. 123.
[105] *Ibid.*, p. 124.

Plus l'analyste donne l'impression d'être bien armé contre toute tentation, plus tôt il arrive à extraire de la situation son contenu analytique. La patiente, dont le refoulement sexuel n'est pas encore supprimé mais simplement repoussé à l'arrière-plan, se sent alors suffisamment en sécurité pour permettre à toutes ses possibilités amoureuses, à tous les fantasmes de ses désirs sexuels, à tous les caractères particuliers de ses aspirations amoureuses, de venir au jour et, à partir de ceux-ci, elle va d'elle-même trouver une voie vers les fondements de son amour [106].

… Pour rencontrer qu'il y a des cas impossibles :

Pour une certaine catégorie de femmes, cette tentative d'utiliser sans le satisfaire, au cours d'un travail analytique, le transfert amoureux doit pourtant aboutir à un échec. Je veux parler des femmes à passions élémentaires, que des compensations ne sauraient satisfaire, des enfants de la nature, qui refusent d'échanger le matériel contre le psychique. Suivant la parole du poète, ces femmes ne sont accessibles qu'« à la logique de la soupe et aux arguments des quenelles ». On se trouve obligé, soit de leur rendre l'amour qu'elles vous portent, soit de s'attirer toutes les foudres dont dispose une femme humiliée. Dans aucun des deux cas, l'intérêt du traitement ne peut être sauvegardé. L'échec étant inévitable, il faut battre en retraite et il ne reste plus qu'à se demander comment la faculté d'édifier une névrose peut s'allier à un aussi incoercible besoin d'amour[107].

Puis Freud va aborder et discuter la vraie question de cet amour dit de transfert :

l'amour qui devient manifeste dans le transfert ne mérite-t-il pas d'être considéré comme un amour véritable[108] ?

---

[106] *Ibid.*, p. 125.
[107] *Ibid.*, p. 125.
[108] *Ibid.*, p. 126.

Le problème en effet se pose avec constance dans ce singulier rapport, étroit, entre résistance et transfert :

Le rôle que joue la résistance dans l'amour du transfert est indéniable et très considérable. Toutefois ce n'est pas la résistance qui a créé cet amour ; elle le trouve déjà installé, l'exploite et en aggrave les manifestations. L'authenticité du phénomène n'est pas non plus entamée par la résistance. [...] Il est exact que cet état amoureux n'est qu'une réédition de faits anciens, une répétition des réactions infantiles, mais c'est là le propre de tout amour et il n'en existe pas qui n'ait son prototype dans l'enfance[109].

C'est dire en clair que cet amour est de type compulsionnel, quasi pathologique. Cet amour de transfert arbore plus que l'amour dit normal ses liens au modèle infantile. Mais il est moins souple, moins apte à se modifier.

En résumé – dit Freud – *rien ne nous permet de dénier à l'état amoureux, qui apparaît au cours de l'analyse, le caractère d'un amour « véritable »*[110].

Néanmoins, cet amour possède des traits propres, d'où il occupe une place à part par rapport à l'amour dit « normal » :

1) s'il est provoqué par la situation analytique, il n'est cependant pas créé par celle-ci
2) la résistance qui domine la situation analytique l'intensifie encore et…
3) il ne tient que fort peu compte de la réalité, il est plus déraisonnable, moins soucieux des conséquences, plus aveugle dans l'appréciation de l'être aimé

Ainsi, va conclure Freud, dont l'action vise toujours une faculté d'aimer dégagée des fixations infantiles :

---

109 *Ibid.*, pp. 126-127.
110 *Ibid.*, p. 127 ; *echten = authentique, véritable*

Le médecin doit rétablir cette fonction si précieuse, si importante, dont elle ne devra pas user dans l'analyse, mais qu'elle réservera, une fois la cure achevée, à la vie réelle lorsque celle-ci l'imposera. Il ne faut pas que l'analyste reproduise la scène de la course des lévriers dont le prix consiste en un chapelet de saucisses. Un farceur s'amuse à tout perturber en jetant au milieu du champ de courses une unique saucisse ; les chiens se précipitent tous dessus et oublient la course ainsi que le chapelet de saucisses destiné au vainqueur[111].

Nonobstant ce qu'il vient d'énoncer en le dépliant finement et précisément, Freud le reconnaît : tout cela n'est pas des plus faciles, car :

La tentation n'est pas provoquée par une grossière sollicitation charnelle qui ne paraîtrait que choquante et devrait plutôt susciter un sentiment de tolérance, puisqu'il s'agit là d'un phénomène naturel. Ce sont les émois de désir plus raffinés, ceux qui sont inhibés quant au but qui risqueraient de faire oublier à un homme, tenté par une belle aventure, les lois de la technique et le devoir médical[112].

L'analyste doit enseigner à sa patiente

à vaincre le principe de plaisir, à renoncer à une satisfaction immédiate, non conforme à l'ordre établi et cela en faveur d'une autre plus lointaine et peut-être aussi moins certaine, mais irréprochable aux points de vue psychologique et social[113].

---

[111] *Ibid.*, p. 128.
[112] *Ibid.*, p. 129.
[113] *Ibid.*, p. 129.

4. La vingt-septième conférence

Le quatrième texte consacré au transfert, *la vingt-septième conférence,* qui a pour titre précisément *Le transfert*[114] date de 1916. Elle couvre dix-huit pages (p. 408-425) dans l'édition française de Payot. Freud, dans ce texte, reprend ce qu'il a dit dans les précédents. Il ne le fait cependant qu'à partir du bas de la page 416. Il ne démarre donc qu'après avoir rappelé ce qu'est la psychanalyse durant huit pages. Les pages 416, 417, 418 et mi-419 ne sont qu'une longue approche pour décrire cet incroyable phénomène du transfert qui, parfois semble justifiable dans le couple harmonieux ainsi formé, d'autres fois… parfaitement grotesque. Et le mot « transfert » arrive au beau milieu de la page 419 : onze pages après le début de l'article, six pages avant la fin !

Comment cela se présente ? C'est tumultueusement sensuel ou ça ne l'est pas ; c'est alors « sublimé ». En d'autres termes, c'est brut, primitif, impossible… ou modelé jusqu'à le rendre viable. Femmes et hommes. Plus sublimé chez les hommes car l'homosexualité fait obstacle, et la forme du transfert négatif ou hostile y est plus courante.

La thèse de Freud, néanmoins, reste la suivante :

Il s'agirait donc d'un transfert de sentiments sur la personne du médecin, car nous ne croyons pas que la situation créée par le traitement puisse justifier l'éclosion de ces sentiments[115].

Freud nous dit où il en est en posant quelques questions précises :

---

114 S.F., *Vorlesungen zur Einführung in die Psychoanalyse,* G.W. XI (1916-1917). *Introduction à la psychanalyse,* trad. S. Jankélévitch, Paris, Payot 1922, rééd. 1973, 27è conférence : *Le transfert,* pp. 408-425.

115 S.F., *op. cit.,* p. 419.

D'où provient le transfert ? Quelles sont les difficultés qu'il nous oppose ? Comment pouvons-nous surmonter celles-ci ? Quel profit pouvons-nous finalement en tirer[116] ?

Il faut montrer « au malade » que, le médecin ne faisant rien pour cela, prétend Freud,

ses sentiments, au lieu d'être produits par la situation actuelle et de s'appliquer à la personne du médecin, ne font que reproduire une situation dans laquelle il s'était déjà trouvé auparavant. Nous le forçons ainsi à remonter de cette reproduction au souvenir[117].

Le transfert permet à la maladie de venir se développer sur ce terrain et alors l'

on constate que toutes les néo-formations de la maladie ne se rapportent plus qu'à un seul point, précisément aux relations entre le patient et le médecin. Le transfert peut ainsi être comparé à la couche intermédiaire entre l'arbre et l'écorce, couche qui fournit le point de départ à la formation de nouveaux tissus et à l'augmentation d'épaisseur du tronc. Quand le transfert a acquis une importance pareille, le travail ayant pour objet les souvenirs du malade subit un ralentissement considérable. On peut dire qu'on a alors affaire non plus à la maladie antérieure du patient, mais à une névrose nouvellement formée et transformée qui remplace la première. Cette nouvelle couche qui vient se superposer à l'affection ancienne, on l'a suivie dès le début, on l'a vue naître et se développer et on s'y oriente d'autant plus facilement qu'on en occupe soi-même le centre. Tous les symptômes du malade ont perdu leur signification primitive et acquis un nouveau sens, en rapport avec le transfert. Ou bien, il ne reste en fait de symptômes que ceux qui ont pu subir une pareille transformation. Surmonter cette nouvelle névrose artificielle,

---

116 *Ibid.*, p. 419.
117 *Ibid.*, p. 419.

c'est supprimer la maladie engendrée par le traitement. Ces deux résultats vont de pair, et quand ils sont obtenus, notre tâche thérapeutique est terminée[118].

Mais ce qui vient d'être décrit ne s'applique principalement bien qu'avec les névroses qui présentent un transfert d'une « importance extraordinaire », c'est-à-dire les névroses précisément dites pour cela *névroses de transfert* (hystéries, hystéries d'angoisse, névroses obsessionnelles). Et, bien sûr, tout cela se fait bien avec le transfert « positif », mais… mal, voire impossible même avec le transfert nommé « négatif ». Car :

Les arguments qui n'ont pas pour corollaire le fait d'émaner de personnes aimées n'exercent et n'ont jamais exercé la moindre action dans la vie de la plupart des hommes[119].

Ce que Freud note comme étant « la tendancc au transfert » est une faculté générale. Mais son écueil est le degré de narcissisme du sujet. C'est le cas dans les névroses narcissiques où le sujet n'est pas hostile, mais… indifférent !

Aussi l'homme n'est-il en général accessible par son côté intellectuel que dans la mesure où il est capable d'investissement libidineux d'objets, et nous avons de bonnes raisons de croire, et la chose est vraiment à craindre, que c'est du degré de son narcissisme que dépend le degré d'influence que peut exercer sur lui la technique analytique, même la meilleure[120].

Ceci a déjà été repéré par Bernheim et sa théorie des phénomènes hypnotiques : tous les hommes, dans une certaine mesure, sont suggestibles. Freud avance alors que :

---

[118] *Ibid.*, pp. 421-422.
[119] *Ibid.*, p. 423.
[120] *Ibid.*, p. 423.

Sa « suggestibilité » n'est autre chose que la tendance au transfert, conçue d'une façon un peu étroite, c'est-à-dire à l'exclusion du transfert négatif[121].

Car les sentiments tendres se transforment un jour en sentiments hostiles : il y a même existence simultanée des uns et des autres : ambivalence. On sait que Lacan, à cet endroit, préférera manier le terme qu'il forge d'*hainamoration.*

5. La théorisation freudienne du transfert

Faisons maintenant le point avec ce qui vient d'être dit de la question du transfert avec Freud. Agrandissons ce point au champ élargi de l'ensemble de l'œuvre freudienne sur ce sujet. Tout d'abord, constatons que lorsqu'il parle de « transfert », voire de « pensées de transfert », il vise un mode de déplacement par lequel le désir inconscient s'exprime et se déguise au moyen du matériel fourni par les restes préconscients de la veille[122]. Mais Freud parle alors aussi bien des transferts que du transfert. C'est au pluriel qu'il s'agit d'une opération élémentaire par laquelle une représentation inconsciente se fait représenter (par le truchement d'une condensation, d'un déplacement etc...) par une représentation préconsciente. Au singulier, il vise, lui, le lien qui se tisse entre le patient et le « médecin ». Mais c'est le même terme – ***Übertragung*** – car c'est le même mécanisme. La différence réside en ceci : au pluriel, chaque transfert utilise une représentation inconsciente quelconque (c'est ce que Freud nomme les « restes diurnes » du rêve) ; au singulier, les représentations préconscientes mobilisées appartiennent toutes à ce que Freud appelle dans la 27è conférence que nous venons d'étudier : « la personne du médecin ».

Il en est de même dans la cure :

---

[121] *Ibid.*, p. 423.
[122] S.F., *Die Traumdeutung* (1900), *L'interprétation des rêves*, p. 461.

la représentation inconsciente est tout à fait incapable, en tant que telle, de pénétrer dans le préconscient et elle ne peut y exercer un effet qu'en se mettant en connexion avec une représentation anodine qui appartient déjà au préconscient, en transférant son intensité sur elle et en se faisant couvrir par elle. C'est là le fait du transfert qui fournit l'explication de tant de phénomènes frappants de la vie mentale des névrosés[123].

En 1895, dans les *Etudes sur l'hystérie,* Freud rendait compte de la même manière du transfert de la patiente :

Le contenu du désir étant apparu tout d'abord dans la conscience de la malade sans aucun souvenir des circonstances environnantes qui l'auraient fait replacer dans le passé. Le désir présent était alors, en fonction de la compulsion à associer qui dominait dans la conscience, lié à une personne qui occupait légitimement les pensées de la malade ; et, résultant de cette mésalliance que je nomme connexion fausse, s'éveillait le même affect qui avait entraîné en son temps la patiente à rejeter ce désir interdit[124].

Ainsi, au départ, le transfert pour Freud n'est théoriquement qu'un cas particulier de déplacement de l'affect d'une représentation à une autre. Mais alors, pourquoi est-ce la représentation de l'analyste qui est choisie d'une manière privilégiée ? Pour deux raisons répond Freud. La première : c'est une sorte de reste diurne toujours à la disposition du sujet ; la seconde : ce type de transfert favorise la résistance, l'aveu du désir refoulé étant dans ce cas particulièrement difficile[125]. A cette époque le transfert reste conçu comme très localisé. Un transfert, chaque transfert se traite comme tout autre, c'est-à-

---

123 *Ibid.*, p. 461.

124 Sigmund Freud, Joseph Breuer, *Studien über Hysterie* (1895), *Zur Psychotherapie der Hysterie,* G.W. I, p. 309. *Etudes sur l'hystérie,* chap. IV : *Psychothérapie de l'hystérie,* pp. 245-246.

125 S.F., *zur Psycholotherapie der Hysterie,* (1895), *op. cit.,* G.W. I, pp. 308-309, trad. fr., p. 245. Et aussi *Zur Dynamik des Übertragung* (1912), *op. cit.,* G.W. VII, p. 370, trad. fr., p. 56.

dire comme un symptôme[126], afin de restaurer la coopération confiante et permettre la continuation de l'influence du « médecin »[127], cette influence étant, à cette époque, sans mise en rapport avec le transfert.

Il convient donc de considérer qu'au début le transfert ne semble pas, à Freud, faire partie du tissu même de la relation thérapeutique. Et l'on en est toujours au même point dans le cas Dora (1901). Ces transferts, au pluriel, doivent être expliqués et détruits un par un.

Néanmoins, Sandor Ferenczi, dès 1909, dans son article *Transfert et introjection*[128], montre comment le patient fait inconsciemment jouer à l'analyste le rôle des *imagos* parentales. Ce « jeu » existe dans les techniques mises en œuvre par l'analyse, mais aussi bien avec celles de la suggestion et encore de l'hypnose. C'est donc bien ce qui provoque Freud, dès 1912, dans son premier exposé d'ensemble qu'il consacre à la question comme nous l'avons vu plus haut, à souligner que le transfert est dépendant de « prototypes » d'*imagos* (toujours le terme de Jung !), c'est-à-dire : le père, la mère, le frère, etc..., et...

... le médecin sera inséré dans l'une des « séries » psychiques que le patient a déjà formée[129].

Freud, pourtant, a déjà commencé son repérage à ce sujet. Dans l'*Homme aux rats,* en 1909 :

Il fallait que (l'homme aux rats) se convainquît, par la voie douloureuse du transfert, que sa relation au père impliquait véritablement ce complément inconscient[130].

---

126 S.F., *Zur Psychotherapie..., op. cit.,* G.W. I, pp. 308-309., trad. fr., p. 245.

127 *Ibid.,* G.W. I, pp. 285-286, trad. fr., pp. 228-229.

128 Sandor Ferenczi, *Transfert et introjection,* (1909), Deuticke, Wien, in *Psychanalyse* (oeuvres complètes), Paris, Payot, Sciences de l'Homme, t. I. : 1968, *premières contributions,* VII, (t. II : 1970 ; t. III : 1974 ; t. IV : 1982).

129 S.F., *Zur Dynamik..., op. cit.*, G.W. VIII, p. 365, trad. fr., p. 51.

C'est bien à cet endroit qu'il faut à Freud reconnaître la nécessaire construction de deux transferts, l'un positif, l'autre négatif, sur le modèle des composantes positive et négative du complexe d'Œdipe. A ce sujet, il convient de considérer précisément que positif et négatif désignent la nature des affects transférés et non le retentissement positif ou négatif, favorable ou défavorable du transfert dans l'analyse, ce qui parfois est confondu par glissement.

Daniel Lagache fera remarquer, en 1952, que :

[...] les termes d'effets positifs et négatifs du transfert seraient plus compréhensifs et plus exacts. On sait que le transfert de sentiments positifs peut avoir des effets négatifs ; inversement, l'expression de sentiments négatifs peut constituer un progrès décisif [...][131]

C'est donc en pratiquant à partir de ces années-là, les années 1909 à 1912, l'extension de la notion du transfert, qui devient une dynamique dans un espace nouveau, structurant l'ensemble de la cure sur le modèle des conflits infantiles, que Freud aboutit à cette notion neuve de *névrose du transfert,* comme on l'a vu plus haut dans *Erinnern, Wiederholen und Durcharbeiten* (*Remémorer, répéter, et « perlaborer »*), le texte de 1914 [132].

Il n'en reste pas moins que le transfert a d'abord été aperçu comme un « obstacle » majeur, parmi d'autres, s'opposant à la remémoration[133]. Il surgit à un moment important, pas n'importe lequel, au pied du dévoilement. C'est une forme de résistance qui signale la proximité du conflit inconscient. Le

---

130 S.F., *Bemerkungen über einen Fall Von Zwangsneurose* (1909), G.W. VII, p. 429.

131 Daniel Lagache, *Le problème du transfert,* 1952, in Revue Française de Psychanalyse, XVI, p. 102.

132 S.F., *Erinnern, Wiederholen und Durcharbeiten* (1914), G.W. X, pp. 134-135. Trad. fr., *Remémoration, répétition et élaboration,* in *La technique psychanalytique*, p. 113.

133 S.F., *Zur Psychotherapie..., op. cit.,* G.W. pp. 308-309. Trad. fr., p. 245.

transfert devient bien, à la fois, et contradictoirement « résistance de transfert » à la remémoration verbalisée, *Übertragungswiderstand,* et le terrain où se joue la problématique singulière du patient. C'est cette seconde dimension qui va, au regard de Freud, bientôt prévaloir. A telle enseigne qu'en 1923, dans *« Psychoanalyse » und « Libido Theorie »,* Freud dira que :

Le transfert, aussi bien dans sa forme positive que négative, entre au service de la résistance ; mais entre les mains du médecin il devient le plus puissant des instruments thérapeutiques et il joue un rôle qui peut à peine être surestimé dans la dynamique du processus de guérison[134].

Cependant, Freud croira toujours à la remémoration la plus complète possible. Pourtant, il reconnaît le caractère si prégnant de la répétition dans le transfert. Dans *Jenseits des Lusprinzips* (*Au-delà du principe de plaisir)* de 1920, il dira :

le malade ne peut plus se souvenir de tout ce qui est en lui refoulé et peut-être précisément pas de l'essentiel [...]. Il est plutôt obligé de répéter le refoulé, comme expérience vécue dans le présent.

Mais très rapidement il insiste sur la nécessité pour le psychanalyste

de limiter le plus possible le domaine de cette névrose de transfert, de pousser le plus de contenu possible dans la voie de la remémoration et d'en abandonner le moins possible à la répétition[135].

---

134 S.F., « *Psychoanalyse » und « Libidotheorie »* (1923), G.W. XIII, p. 223.

135 S.F., *Jenseits des Lustprinzips* (1920), G.W. XIII, pp. 16-17, *Au-delà du principe du plaisir,* in *Essais de psychanalyse,* trad. S. Jankélévitch, rééd. et revus par A. Hesnard, Paris, Payot 1970, pp. 18-19.

L'idéal, c'est donc la plus complète remémoration, à défaut de celle-ci il faut recourir aux *Konstruktionen* (terme introduit par l'article de 1937)[136], pour palier plausiblement les lacunes du passé. Cependant, jamais Freud ne valorisera pour elle-même la relation transférentielle, ni en vue de l'abréaction, ni en vue de corriger une relation d'objet supposée erronée. On voit ainsi à l'enquête menée que, de 1900 à 1920, du cas Dora à l'*Au-delà du principe de plaisir,* une idée se dégage. Dans Dora, les transferts sont comparés à des « réimpressions », sans pratiquement de déformation eu égard aux fantasmes inconscients. Dans *Jenseits des Lustprinzips,* la reproduction dans le transfert

> *survient avec une fidélité non désirée [...] elle a toujours pour contenu un fragment de la vie sexuelle infantile, donc du complexe d'Œdipe et de ses ramifications [...]*[137].

Cette idée est donc la suivante : dans le transfert s'actualise l'essentiel du conflit infantile. C'est d'ailleurs dans ce texte, *Jenseits...,* que Freud se sert de la répétition dans le transfert pour mettre au premier plan la notion de compulsion à répéter, de *compulsion de répétition.* Dans l'analyse sont répétées situations, émotions..., indiquant que le fantasme inconscient est bien indestructible.

En 1926, dans *Hemmung, Symptom und Angst* (*Inhibition, symptôme et angoisse*), il reparlera de la résistance de transfert, la rattachant *aux résistances du Moi* qui s'opposent à la remémoration. Ainsi, la résistance de transfert renouvelle, dans l'*hic et nunc,* l'action du refoulement. Néanmoins, Freud, également dans *Jenseits...* (1920), avait fait de la compulsion de répétition, rappelons-nous, ... la résistance du Ça !?

Enfin, sur cette question de la répétition dans le transfert des expériences du passé (attitudes envers les parents, etc...), il ne faut pas la prendre réalistement comme l'actualisation de relations réellement, vraiment vécues, car, ce qui est transféré

---

136 S.F., *Konstruktionen in der Analyse,* G.W. XVI, pp. 43-56.
137 S.F., *Jenseits..., op. cit.,* G.W. XIII, pp. 16-17. Trad. fr., p. 19.

est plutôt à prendre comme la réalité psychique, c'est-à-dire le désir inconscient avec les fantasmes afférents. Le transfert, d'autre part, dans ses manifestations sur la personne du « médecin », n'est pas forgé de répétitions à la lettre, mais plutôt d'équivalences symboliques de ce qui est transféré.

Voilà où nous a mené cette enquête chez Freud. La question du transfert ne sera plus remaniée dans les dernières années de sa vie mais seulement... répétée pour l'essentiel par ses élèves et disciples, successeurs freudiens allant vers la caricature, sauf rares exceptions, jusqu'à ce qu'un dénommé Jacques Lacan la reprenne, à sa manière et dans son style, douze ans après la mort de Freud en 1939.

CHAPITRE IV

LA REPRISE LACANIENNE

1. Comment ré-intervenir sur le transfert ?

C'est par *Intervention sur le transfert,* conférence « prononcée au Congrès dit des psychanalystes de langue romane, de 1951 »[138], que nous allons maintenant poursuivre notre enquête, avec Jacques Lacan, et la question du transfert.

Nous sommes en 1951, cette même année où Lacan traduit le texte *Logos* de son ami Martin Heidegger. D'emblée, nous sommes prévenus, nous sommes bien chez Lacan, pas chez Freud. La notion du *sujet* y est ici prévalente, nettement dégagée du *Ich* freudien. Dans ces années-là, nous sommes même dans le rapport de sujet à sujet. Lacan croit encore à : *l'intersubjectivité.*

Ainsi nous est-il asséné :

la psychanalyse est une expérience dialectique, et cette notion doit prévaloir quand on pose la question de la nature du transfert[139].

Lacan va faire reposer l'essentiel de ce qu'il a à dire sur le transfert à ce moment, en 1951, sur le cas Dora ; il nous le dit ainsi, insistant :

---

[138] Jacques Lacan, *Intervention sur le transfert,* in *Ecrits,* Paris, Seuil, 1966, pp. 215-226.

[139] J.L., *op. cit.,* p. 216

Je fonderai ma démonstration sur le cas Dora, pour ce qu'il représente dans l'expérience encore neuve du transfert, le premier où Freud reconnaît que l'analyste y a sa part. [...] c'est la première fois que Freud donne le concept de l'obstacle sur lequel est venue se briser l'analyse, sous le terme de transfert[140].

Freud expose le cas Dora sous la forme d'une série de renversements dialectiques, dit-il. Cela l'amène à proposer de

tenter de définir en termes de pure dialectique le transfert qu'on dit négatif dans le sujet, comme l'opération de l'analyste qui l'interprète[141].

Lisons ce texte pour notre enquête, et lisons-le à la suite, immédiatement après le cas de Dora lui-même. Nous y voyons le prolongement exact des réflexions de Freud, celles de 1905 et celles de 1923 des notes en bas de page.

Lacan dégage un premier, un deuxième et un troisième *développement de la vérité* (D.V.) de Dora ; à quoi répondent respectivement du côté de Freud un premier, un deuxième et un troisième *renversement dialectique* (R.D.).

D.V.1 : Dora dit :

Ces faits sont là, ils tiennent à la réalité et non à moi-même. Que voulez-vous y changer ?

R.D.1 : Freud répond à cette version hégélienne de la « belle âme » s'insurgeant, dit Lacan, contre le monde au nom de la loi du cœur

Regarde ? lui dit-il, quelle est ta propre part au désordre dont tu te plains[142] *»*.

---

[140] *Ibid.*, pp. 217-218.
[141] *Ibid.*, p. 218.
[142] *Ibid.*, p. 219.

D.V.2 : Il s'agit du développement de Dora sur les faits marquant sa complicité, sa *protection vigilante*, comme s'exprime Lacan, de la pérennisation de la relation des deux amants. Grâce à l'impuissance sexuelle de son père, elle s'identifie à celui-ci, identification retrouvée dans ses symptômes de conversion. Alors *quid,* brusquement, de la jalousie vis-à-vis de la relation amoureuse de son père ?

R.D.2 : L'objet prétendu de la jalousie masque l'intérêt porté sur la personne du *« sujet-rival »,* dit Lacan, exprimé sous forme inversée.

D.V.3 : C'est « *l'attachement fasciné de Dora pour Mme K...* » dit Lacan. Souvenons-nous de « *la blancheur ravissante de son corps* », expression de Freud.

R.D.3 : C'est dit-il :

celui qui nous livrerait la valeur réelle de l'objet qu'est Mme K... pour Dora. C'est-à-dire non pas un individu, mais un mystère, le mystère de sa propre féminité, nous voulons dire de sa féminité corporelle[143].

Ceci apparaît très nettement dans le second rêve. Rappelons-nous, Dora, encore *infans* en train de suçoter son pouce gauche, tandis que de sa main droite elle tiraille l'oreille de son frère d'un an et demi son aîné. Lacan précise :

Il semble qu'on ait là la matrice originaire où sont venues se couler toutes les situations que Dora a développées dans sa vie, [...] [144]

Il s'agit de tous ses automatismes de répétition à venir. Son aphonie, lorsque M. K... est absent, est un violent appel à la

---

[143] *Ibid.,* p. 220.
[144] *Ibid.,* p. 221.

pulsion érotique orale. Dora n'accède pas à la reconnaissance de sa féminité. Pour ce faire, il faudrait qu'elle soit en position de réaliser l'assomption de son propre corps. Ce qui ne se fait pas. En termes de *Stade du miroir,* elle *« reste ouverte au morcellement fonctionnel,* comme dit Lacan, *qui constitue les symptômes de conversion* ». Dora s'identifie à M. K... et à Freud (au moment du premier rêve dit « rêve de transfert »). L'odeur de fumée perçue au réveil du rêve fait pont entre les deux hommes. Lacan, cependant, dit ici que Freud se trompe. Cette perception de l'odeur de fumée

[...] n'indique pas, comme l'a dit Freud (version PUF, p. 54), *qu'il se fût agi là de quelque identification plus refoulée, mais bien plutôt que cette hallucination correspondît au stade crépusculaire du retour au moi). Et tous ses rapports avec les deux hommes manifestent cette agressivité où nous voyons la dimension propre de l'aliénation narcissique.*

Si Dora se retourne passionnellement vers son père, c'est qu'elle régresse. Elle ne s'accepte pas elle-même comme objet du désir. Lacan précise :
c'est-à-dire après qu'elle ait épuisé le sens de ce qu'elle cherche en Mme K...

Voilà le problème de Dora :

Aussi bien que pour toute femme et pour des raisons qui sont au fondement même des échanges sociaux les plus élémentaires (ceux-là mêmes que Dora formule dans les griefs de sa révolte), le problème de sa condition est au fond de s'accepter comme objet du désir de l'homme, et c'est là pour Dora le mystère qui motive son idolâtrie pour Mme K..., tout comme dans sa longue méditation devant la Madone et dans son recours à l'adorateur lointain, il la pousse vers la solution que le christianisme a donné à cette impasse subjective, en faisant de la femme l'objet du désir divin ou un objet transcendant du désir, ce qui s'équivaut[145].

Mais Freud, comme on s'en souvient ici, ne dirige pas Dora vers le fait de reconnaître ce qu'est Mme K... pour elle. Il défaille à cet endroit. Sa défaillance porte sur l'action du transfert (version PUF, pp. 86-90), car cette défaillance est due à l'erreur qui consiste à ajourner cette interprétation (PUF, p. 89), alors qu'il n'est pas sans savoir qu'il lui reste peu de temps : Dora l'a prévenu, encore deux heures (PUF, p. 89).

Freud, en quelque sorte, nous fait un aveu : longtemps il n'a pu rencontrer la tendance homosexuelle si constante pourtant chez les hystériques. Quand il la rencontre, il est dans le désarroi, il ne sait que faire pour agir d'une manière qui soit satisfaisante. Lacan fait remarquer qu'il y a un préjugé, retrouvé au niveau du *complexe d'Œdipe*, qui tend à faire de la prévalence du personnage du père quelque chose de naturel alors qu'il s'agit de normatif. Il cite le refrain suivant pour bien faire image : « *Comme le fil est pour l'aiguille, la fille est pour le garçon.* »

Pourquoi Freud a-t-il, au fond, tant de sympathie pour M. K... ? C'est M. K... qui lui a amené le père de Dora (version PUF, p. 10), il l'apprécie à diverses reprises (PUF, note p. 18). Souvenons-nous encore qu'après l'échec de la psychanalyse de Dora, chose inouïe, Freud persiste à penser que, peut-être, encore, seule une « *victoire de l'amour* » (PUF, p. 82)... ! Et puis, reconnaissons-le en de nombreux endroits du texte, l'on voit clairement qu'il aime bien Dora. En fait, Freud s'est mis un peu trop à la place de M. K... Lacan nous l'explique ainsi :

Freud en raison de son contre-transfert revient trop constamment sur l'amour que M. K... inspirerait à Dora et il est singulier de voir comment il interprète toujours dans le sens de l'aveu les réponses pourtant très variées que lui oppose Dora.

---

[145] *Ibid.*, p. 222.

Lacan revient sur la scène de la déclaration au bord du lac, car il va interpréter et, dit-il :

Il suffit comme dans toute interprétation valable de s'en tenir au texte pour le comprendre.

On se souvient que M. K… dit à Dora :

Ma femme n'est rien pour moi.

Gifle immédiate de Dora à M. K…, dont elle ressentira bien après la cure « *le contrecoup brûlant en une névralgie transitoire* », gifle qui est discours : « *Si elle n'est rien pour vous, qu'êtes-vous donc pour moi ?* » Lacan ajoute : « *le fantasme latent de grossesse qui suivra cette scène n'objecte pas à notre interprétation : il est notoire qu'il se produit chez les hystériques en fonction même de leur identification virile.* » Dora identifiée à M. K… ; Freud identifié à M. K… . Tout le monde sort de la scène et

Dora s'éloigne avec le sourire de la Joconde […]. […] elle aura réussi à précipiter par le seul mana de sa présence l'infortuné M. K... sous les roues d'une voiture[146].

Alors, de cette enquête désormais lacanienne, faisons le point. *Quid* ici, en 1951, du transfert chez Lacan ?

Qu'est-ce donc enfin que ce transfert dont Freud dit quelque part que son travail se poursuit invisible derrière le progrès du traitement et dont au reste les effets « échappent à la démonstration » (PUF, p. 54) *?*

Comme s'exprime Lacan. Il propose alors, chose surprenante, de considérer ce transfert

comme une entité toute relative au contre-transfert défini comme la somme des préjugés, des passions, des embarras,

---

[146] *Ibid.*, pp. 224-225.

voire de l'insuffisante information de l'analyste à tel moment du procès dialectique ?

A telle enseigne qu'il vient à remarquer que

Freud lui-même ne nous dit-il pas (PUF, p. 88) *que Dora eût pu transférer sur lui le personnage paternel, s'il eût été assez sot pour croire à la version des choses à lui présentées par le père ?*

Vient alors la définition lacanienne du transfert en ce début des années 1950 :

Autrement dit le transfert n'est rien de réel dans le sujet, sinon l'apparition, dans un moment de stagnation de la dialectique analytique, des modes permanents selon lesquels il constitue ses objets[147].

Nous tenons pour fondamentale cette première définition lacanienne du transfert, pour autant qu'elle semble exclure le « réel » de la question du transfert, alors qu'elle l'introduit en lui donnant précisément sa place. Le sujet constitue ses objets selon quelques modes dits permanents, et voilà qu'à cette occasion, le « réel » surgit dans la problématique même du transfert. Il y faut ce moment de stagnation de la dialectique analytique. Nous reviendrons plus loin sur la portée d'une telle formule. Car le « réel » de 1951, est-il le même que le « réel » des années 1970 de la topologie, puis de la nodologie… ?

Mais là, il ne faut pas aller trop vite. Il faut prendre son temps, se hâter lentement selon la formule antique des Latins. Car, cette définition qui introduit le réel introduit aussi la temporalité : « *dans un moment de stagnation de la dialectique* », chaque mot de Lacan est, comme d'habitude, pesé, allant jusqu'à faire qu'à un moment, l'équilibre du sens d'une question bascule. Interpréter le transfert ? Ce n'est

---

[147] *Ibid.*, p. 225.

rien d'autre que de remplir par un leurre le vide de ce point mort. Mais ce leurre est utile, car même trompeur, il relance le procès. [...]
Ainsi le transfert ne ressortit à aucune propriété mystérieuse de l'affectivité, et même quand il se trahit sous un aspect d'émoi, celui-ci ne prend son sens qu'en fonction du moment dialectique où il se produit[148].

Quel est ce moment ? Il est « peu significatif », car il ne fait que trahir généralement quoi ? Une erreur de l'analyste. Habituellement laquelle ? De trop vouloir le bien du patient. Et c'est pourtant Freud lui-même qui, ce danger, l'a dénoncé. Insister sur la valeur des propositions de mariage de M. K..., croire encore et encore à une « *victoire de l'amour* » vont malencontreusement dans ce sens. Freud est à la place de M. K..., il désire à sa place, alors qu'il devrait venir en compétition avec lui, se mettre « en jeu en personne comme substitut de M. K... », comme l'exprime justement Lacan.

Ainsi, en cette année 1951, Lacan se sert du cas de Dora, qu'il connaît bien, car en cette année 1950-1951, il fait la première année de son séminaire – privé – au 3, rue de Lille, chez Sylvia Bataille, et non pas « chez lui », au 5 ! L'histoire dit que c'est pour des raisons de place, d'espace d'accueil des participants. Il consacre ce séminaire, précisément... à Dora. Il terminera sa conférence par cette phrase, qui résume en quelque sorte l'état de sa pensée sur la question :

le transfert a toujours le même sens d'indiquer les moments d'errance et aussi d'orientation de l'analyste, la même valeur pour nous rappeler à l'ordre de notre rôle : un non-agir positif en vue de l'orthodramatisation de la subjectivité du patient[149].

---

[148] *Ibid.*, p. 225.
[149] *Ibid.*, p. 226.

2. Le séminaire I : la naissance du transfert

Nous sautons deux ans, environ, pour les besoins de notre enquête. Nous retrouvons Jacques Lacan à son premier séminaire public à Sainte-Anne : 1953-1954, *Les écrits techniques de Freud.* La première séance du Séminaire a lieu le 18 novembre 1953. Il faut attendre la quatrième séance du 3 février 1954 pour le voir aborder la question du transfert, avec quoi ? Avec celle de la résistance. A partir de quoi ? Du texte que nous avons déjà abordé plus haut dans notre enquête : *La dynamique du transfert* (1912). Lacan prend soin de resituer ce texte dans les *Ecrits techniques de Freud,* parus

sous le titre de Kleine Neurosen Schrifte*, un petit volume in-octavo, qui isolait un certain nombre d'écrits de Freud allant de 1904 à 1919, et dont le titre, la présentation, le contenu, indiquaient qu'ils traitaient de la méthode psychanalytique*[150].

Lacan annonce la lecture de ce texte mal traduit : inexactitudes, impropriétés. Il lit et traduit un passage de la page 55 (des PUF), mais reparle tout de même de l'ensemble du texte *Zur Dynamik...* Mais voilà, l'accent est mis sur ceci qui n'est pas extrait de ce dernier. Lacan cite Freud :

Quand le patient se tait, il y a toutes les chances que ce tarissement de son discours soit dû à quelque pensée qui se rapporte à l'analyste.

Lacan va alors témoigner de sa pratique :

Au moment où il semble prêt à formuler quelque chose de plus authentique, de plus brûlant que ce qu'il a jamais pu atteindre jusqu'alors, le sujet, dans certains cas, s'interrompt, et émet un énoncé qui peut être celui-ci - Je réalise soudain le fait de votre présence.

---

[150] Jacques Lacan, *Les écrits techniques de Freud,* Séminaire I, 1953 – 1954, Paris, Seuil, 1975, p. 14.

C'est là une chose qui m'est arrivé plus d'une fois et dont les analystes peuvent facilement apporter le témoignage. Ce phénomène s'établit en connexion avec la manifestation concrète de la résistance qui intervient dans le tissu même de notre expérience en fonction du transfert. S'il prend valeur sélective, c'est que le sujet ressent alors lui-même comme un brusque virage, un tournant subit qui le fait passer d'un versant à l'autre du discours, d'un accent à un autre de la fonction de la parole[151].

Donc, en certains points de rencontre avec cette résistance, l'on voit se produire ce que Freud appelle le transfert, qui se traduit ici par l'actualisation de la personne de l'analyste et pour Lacan, ce point sensible, le plus significatif du phénomène du transfert, devient ce que le sujet

ressent comme la brusque perception de quelque chose qui n'est pas si facile à définir, la présence[152].

Mais ce qu'il nomme ici « présence », qu'est-ce ? Est-ce « la présence » ? C'est quelque chose en plus, quelque chose d'autre, en tout cas, que « la personne du médecin » (Freud). C'est ce que nous aurons à préciser lors des développements ultérieurs de notre enquête.

Ainsi Lacan, un peu plus tard dans la séance, va citer l'heureux mot d'Octave Mannoni qui, dit-il, parlait quelques jours avant en accoucheur, formulant que

la résistance se présente par le bout transférentiel[153].

La présence, c'est quand même mystérieux. Nous en tenons compte, mais nous ne la réalisons pas comme telle. Le sentiment que nous avons de la présence, nous cherchons constamment à l'effacer. Pourquoi ? Pour vivre, *of course* !

---

[151] J.L., *op. cit.,* p. 51.
[152] *Ibid.,* p. 53.
[153] *Ibid.,* p. 57.

C'est un mystère, cela reste un mystère qu'à la fois nous écartons et vis-à-vis duquel nous nous faisons la dupe. Pour Lacan, ce 3 Février 1954 :

Il s'agit de savoir comment, à un moment donné, pointe vers l'autre ce sentiment si mystérieux de la présence. Peut-être est-il intégré à ce dont Freud nous parle dans la Dynamique du transfert, *c'est-à-dire à toutes les structurations préalables, non seulement de la vie amoureuse du sujet, mais de son organisation du monde*[154].

Au début de la séance suivante, le 10 février 1954, Lacan reprécise

que le phénomène majeur du transfert part de ce que je pourrais appeler le fond du mouvement de la résistance.

Ainsi, dit-il :

la résistance [...] se manifeste par un mouvement de bascule de la parole vers la présence de l'auditeur [...]. Le moment où le sujet s'interrompt, c'est ordinairement le moment le plus significatif de son approche vers la vérité. Nous saisissons ici la résistance à l'état pur, qui culmine dans le sentiment, fréquemment teinté d'angoisse, de la présence de l'analyste[155].

Dans la séance du 10 mars 1954, Lacan reparle du transfert avec la résistance et autour de l'amour :

Nous avons essayé de définir dans son champ propre la résistance. Puis, nous avons formulé une définition du transfert. Or, vous sentez bien toute la distance qu'il y a entre – la résistance, qui sépare le sujet de la parole pleine que l'analyste attend de lui, et qui est fonction de cet infléchissement anxiogène que constitue dans son mode le plus radical, au

---

[154] *Ibid.*, p. 60.
[155] *Ibid.*, p. 63.

niveau de l'échange symbolique, le transfert – et ce phénomène que nous manions techniquement dans l'analyse et qui nous paraît être le ressort énergétique, comme Freud s'exprime, du transfert, à savoir l'amour.
Dans les Observations sur l'amour de transfert, *Freud n'hésite pas à appeler le transfert du nom d'amour, Freud élude si peu le phénomène amoureux, passionnel, dans sons sens plus concret, qu'il va jusqu'à dire qu'il n'y a, entre le transfert et ce que nous appelons dans la vie l'amour, aucune distinction vraiment essentielle. La structure de ce phénomène artificiel qu'est le transfert et celle du phénomène spontané que nous appelons l'amour, et très précisément l'amour-passion, sont, sur le plan psychique, équivalentes.*
Il n'y a, de la part de Freud, aucune élusion du phénomène, aucune tentative de dissoudre le scabreux dans ce qui serait du symbolisme, au sens où on l'entend habituellement – l'illusoire, l'irréel. Le transfert, c'est l'amour[156].

Puis, nous assistons à une remise sur le tapis de la question à la neuvième séance du 17 mars 1954 consacrée au narcissisme, où Lacan s'interroge ainsi :

Donc, il doit bien y avoir autre chose que l'endoctrination qui explique l'efficacité des interventions de l'analyste. C'est ce que l'expérience a démontré être efficace dans l'action du transfert.
C'est là que commence l'opacité – en fin de compte, qu'est-ce que le transfert ?
Dans son essence, le transfert efficace dont il s'agit, c'est tout simplement l'acte de parole. Chaque fois qu'un homme parle à un autre d'une façon authentique et pleine, il y a, au sens propre, transfert, transfert symbolique – il se passe quelque chose qui change la nature des deux êtres en présence.
Mais il s'agit là d'un autre transfert que celui qui s'est d'abord présenté dans l'analyse non seulement comme un problème, mais comme un obstacle. Cette fonction, en effet, est à situer

[156] *Ibid.*, p. 106.

sur le plan imaginaire. C'est pour la préciser qu'ont été forgées les notions que vous savez, répétition des situations anciennes, répétition inconsciente, mise en action d'une réintégration d'histoire – histoire en un sens contraire à celui que je promeus, puisqu'il s'agit d'une réintégration imaginaire, la situation passée n'étant vécue dans le présent, à l'insu du sujet, que pour autant que la dimension historique est par lui méconnue – je n'ai pas dit inconsciente, *vous le remarquerez. Toutes ces notions sont introduites, pour définir ce que nous observons, et elles ont le prix d'une constatation empirique assurée. Elles n'en dévoilent pas pour autant la raison, la fonction, la signification de ce que nous observons dans le réel*[157].

Voilà, en un tournemain, lacanien, on a maintenant deux transferts, ou plutôt trois. Un transfert de Freud, double, positif et négatif nommé par Lacan *imaginaire*, et un transfert de Lacan, dénommé par lui *symbolique*. Plus une remarque, pleine d'à venir : on a de l'empirie, mais peu encore de théorie sur la question, car quoi ? ...Car c'est bien dans le *réel* que nous observons cela. Alors ? ... Alors, il faut manifester notre appétit théorique de psychanalyste. Et c'est l'une des questions les plus importantes de la théorie psychanalytique, celle du rapport

entre les liens du transfert et les caractéristiques, positive et négative, de la relation amoureuse[158].

C'est à partir de la clinique que cette question est rencontrée. Et cela rejaillit évidemment sur les discussions théoriques concernant ce qui agit, le ressort, *in fine,* de l'efficacité thérapeutique. Depuis les années 1920 les psychanalystes sont taraudés par cette question : Congrès de Berlin (septembre 1922), VIIIè Congrès international de Salzbourg (21-23 avril 1924), Congrès de Marienbad (1936) :

---

157 *Ibid.*, p. 127.
158 *Ibid.*, p. 128.

Depuis cette époque, on n'a jamais fait que se demander l'utilité de la fonction du transfert dans le maniement que nous faisons de la subjectivité de notre patient. Nous avons même isolé quelque chose qui va jusqu'à s'appeler, non pas seulement névrose de transfert – étiquette nosologique qui désigne ce dont le sujet est affecté – mais névrose secondaire, névrose artificielle, actualisation de la névrose dans le transfert, névrose qui noue dans ses fils la personne imaginaire de l'analyste[159].

Notre enquête commence a nous avoir familiarisé avec cela, n'est-ce pas ? Mais Lacan va pousser le bouchon un peu plus loin, à cet endroit, à partir de ceci que

la question reste obscure de ce qui fait le ressort de ce qui agit dans l'analyse. Je ne parle pas des voies par lesquelles nous agissons parfois, mais de la source même de l'efficacité thérapeutique[160].

Ainsi, encore et encore, il va s'agir de revenir au texte, au commentaire de textes, car Lacan va nous livrer ici sa méthode. Il faut à nouveau repartir du rapport de l'amour de transfert à l'amour. Lacan :

Aussi bien, depuis toujours, la question de l'amour de transfert a-t-elle été liée, trop étroitement, à l'élaboration analytique de la notion de l'amour[161].

L'amour ? Quel amour ?

Il ne s'agit pas de l'amour en tant que l'Eros – présence universelle d'un pouvoir de lien entre les sujets, sous-jacente à toute la réalité dans laquelle se déplace l'analyse – mais de l'amour-passion, tel qu'il est concrètement vécu par le sujet,

---

159 *Ibid.*, p. 128.
160 *Ibid.*, p. 128.
161 *Ibid.*, p. 129.

comme une sorte de catastrophe psychologique. La question se pose, vous le savez, de savoir en quoi cet amour-passion est, en son fondement, lié à la relation analytique[162].

L'accent est à mettre – ce qui révoltait, répugnait même à Fénichel, assez phobique sur ce point, note Lacan –, sur le caractère narcissique de la relation d'amour imaginaire. Il adhère à cette idée que :

l'objet aimé se confond, par toute une face de ses qualités, de ses attributs, et aussi de son action dans l'économie psychique, avec l'idéal du moi du sujet[163].

C'est rencontrer là que cet amour imaginaire participe fondamentalement de l'illusion, au prix même de voir ainsi se dévaloriser la fonction *princeps* de l'amour. Qu'est-il, enfin, cet amour qui s'évertue à être le ressort imaginaire, dans l'analyse, de l'analyse ? Lacan va répondre :

ce que nous avons à repérer, c'est la structure qui articule la relation narcissique, la fonction de l'amour dans toute sa généralité et le transfert dans son efficacité pratique[164].

Et voici que, pour ce faire, arrive l'exposé de la méthode de Lacan :

Je pense vous enseigner des catégories nouvelles qui introduisent des distinctions essentielles. Ce ne sont pas des distinctions extérieures, scolastiques, et en extension – opposant tel champ à tel champ, multipliant les bipartitions à l'infini, mode de progrès qui consiste à introduire toujours des hypothèses supplémentaires. Cette méthode est permise sans doute mais pour ma part je vise à un progrès en compréhension.

---

162 *Ibid.*, p. 130.
163 *Ibid.*, p. 130.
164 *Ibid.*, p. 130.

Il s'agit de mettre en valeur ce qu'impliquent des notions simples, qui existent déjà. Il n'y a pas intérêt à décomposer indéfiniment comme on peut le faire – comme cela a été fait dans un travail remarquable sur la notion de transfert. Je préfère laisser à la notion de transfert sa totalité empirique, tout en marquant qu'elle est plurivalente et qu'elle s'exerce à la fois dans plusieurs registres, le symbolique, l'imaginaire et le réel.
Ce ne sont pas là trois champs. [...]
Il y a plusieurs façons d'introduire les notions. La mienne a ses limites, comme tout exposé dogmatique. Mais son utilité est d'être critique, c'est-à-dire de survenir au point où l'effort empirique des chercheurs se rencontre avec une difficulté à manier la théorie déjà existante. C'est ce qui fait l'intérêt de procéder par la voie du commentaire de textes[165].

Il faudra attendre la séance du 24 mars 1954 pour suivre le progrès de cette question. En réponse à une intervention de Wladimir Granoff sur l'application du *schéma optique* à la théorie de l'état amoureux, Lacan énoncera :

La stricte équivalence de l'objet et de l'idéal du moi dans le rapport amoureux [...][166]

Mais il précise, un peu après :

ou l'amour est ce que Freud décrit, fonction imaginaire en son fondement, ou bien il est le fondement et la base du monde. De

---

165 *Ibid.*, pp. 130-131. Notons que la *Version J.L.*, sténotypie de la séance du 17 mars 1954, donne : *Il y a intérêt à laisser au contraire la notion de transfert dans toute sa totalité empirique, mais à comprendre aussi qu'elle ait plusieurs faces, qu'elle est plurivalente, qu'elle s'exerce à la fois dans plusieurs registres, et dans cela qu'introduit le symbolique, l'imaginaire et le réel.*

166 *Ibid.*, p. 145.

même qu'il y a deux narcissismes[167]*, il doit y avoir deux amours, l'Eros et l'Agapè*[168].

Le 31 mars 1954, Lacan revient encore à la fin de la séance sur le problème de l'amour et du transfert, après avoir développé les questions de l'*idéal du moi* et du *moi-idéal*. Il y a un guide, nous dit Lacan, au-delà de l'imaginaire, dans le plan symbolique, ce guide commande au sujet : c'est l'*idéal du moi*. Il enchaîne :

La distinction [entre l'imaginaire et le symbolique] est absolument essentielle, et elle nous permet de concevoir ce qui se passe dans l'analyse sur le plan imaginaire, et qui s'appelle le transfert.
Pour le saisir – c'est là le mérite du texte de Freud – il faut comprendre ce que c'est que la Verliebtheit, *l'amour. L'amour est un phénomène qui se passe au niveau de l'imaginaire et qui provoque une véritable subduction du symbolique, une sorte d'annulation, de perturbation de la fonction de l'idéal du moi. L'amour rouvre la porte – comme l'écrit Freud, qui n'y va pas avec la dos de la cuillère – à la perfection.*
*L'*Ich-Ideal, *l'idéal du moi, c'est l'autre en tant que parlant, l'autre en tant qu'il a avec moi une relation symbolique, sublimée, qui, dans notre maniement dynamique est à la fois semblable et différent de la libido imaginaire. L'échange symbolique est ce qui lie entre eux les êtres humains, soit la parole, et qui permet d'identifier le sujet. Ce n'est pas là métaphore – le symbole enfante des êtres intelligents, comme dit Hegel.*
*L'*Ich-Ideal, *en tant que parlant, peut venir se situer dans le monde des objets au niveau de l'*Ideal-Ich, *soit au niveau où*

---

[167] 1. L'image corporelle, unité du sujet ; 2. L'identification à l'autre.

[168] *Ibid.*, p. 146. Eros ? Agapè ? Le premier « amour » est bien connu ; le second réfère au repas que les fidèles de la primitive Eglise prenaient en commun. Il diffère de l'Eucharistie, laquelle est action de grâce, communion, sacrement essentiel du christianisme, commémoratif et perpétuant le sacrifice christique.

peut se produire cette captation narcissique dont Freud nous rebat les oreilles tout au long de ce texte. Vous pensez bien qu'au moment où cette confusion se produit, il n'y a plus aucune espèce de régulation possible de l'appareil. Autrement dit, quand on est amoureux, on est fou, comme le dit la langue populaire.

*Je voudrais illustrer ici la psychologie du coup de foudre. Rappelez-vous Werther voyant pour la première fois Lotte en train de pouponner un enfant. C'est une image parfaitement satisfaisante de l'*Anlehnungstypus[169] *sur le plan anaclitique. Cette coïncidence de l'objet avec l'image fondamentale pour le héros de Goethe est ce qui déclenche son attachement mortel – il faudra élucider une prochaine fois pourquoi cet attachement est fondamentalement mortel. C'est çà l'amour. C'est son propre moi qu'on aime dans l'amour, son propre moi réalisé au niveau imaginaire.*

On se tue à se poser ce problème – comment chez les névrosés, qui sont si entravés sur le plan de l'amour, le transfert peut-il bien se produire ? La production du transfert a un caractère absolument universel, véritablement automatique, alors que les exigences de l'amour sont au contraire, chacun le sait, si spécifiques...

Ce n'est pas tous les jours qu'on rencontre ce qui est fait pour vous donner juste l'image de votre désir. Comment se fait-il donc que, dans le rapport analytique, le transfert, qui est de même nature que l'amour – Freud nous le dit dans le texte que j'ai donné à dépouiller à Granoff – se produise, on peut dire avant même *que l'analyse soit commencée ? Certes, ce n'est peut-être pas tout à fait la même chose avant et pendant l'analyse.*

[...] – comment la fonction presque automatiquement déclenchée du transfert dans la relation analysé/analyste – et ce, avant même qu'elle ait commencé, de par la présence et la

---

[169] *Anlehnungstypus...der Objektwahl,* génitif, trad. par type anaclitique de choix d'objet, du grec ανακλινω, *se coucher sur*, s'*appuyer sur*. S'oppose donc au type narcissique du choix.

*fonction de l'analyste – nous permet-elle de faire jouer la fonction imaginaire de l'*Ideal-Ich[170] ?

Et Lacan de poursuivre dans la progression de cette question de l'amour et du transfert, elle-même enchâssée dans un certain nombre d'autres questions. Le 7 avril 1954, dans un dialogue qui dure depuis le début de la séance avec Hyppolite, le philosophe, il énoncera :

Nous sommes bien tous d'accord que l'amour est une forme de suicide[171].

Le 5 mai 1954 :

*Chaque fois que se produisent les identifications objectales de l'*Ideal-Ich, *apparaît ce phénomène sur lequel j'ai attiré votre attention depuis le début, la* Verliebtheit. *La différence entre la* Verliebtheit *et le transfert, c'est que la* Verliebtheit *ne se produit pas automatiquement – il y faut certaines conditions déterminées par l'évolution du sujet*[172].

Et… :

La relation imaginaire primordiale donne le cadre fondamental de tout érotisme possible. […] La relation objectale doit toujours se soumettre au cadre narcissique et s'y inscrire.

… Tout en cherchant à le transcender ailleurs que sur le plan de l'image. D'où la nécessité de l'amour et d'un pacte. Pour Lacan,

---

170 *Ibid.*, pp. 162-163.
171 *Ibid.*, p. 172.
172 *Ibid.*, p. 194.

pas d'amour fonctionnellement réalisable dans la communauté humaine, si ce n'est par l'intermédiaire d'un certain pacte, [...][173].

Le 12 mai, Lacan creuse la question à propos des fluctuations de la libido et de la fonction de la parole. D'entrée cette remarque qui nous intéresse :

*Le père constitue d'abord une des figures imaginaires les plus manifestes de l'*Ideal-Ich, *comme tel investi d'une* Verliebtheit, *parfaitement isolée, nommée et décrite par Freud*[174].

Pour en venir à cette « *relation analytique [où] deux sujets [sont] liés par un pacte.* »

Car :

A l'intérieur de cette relation, il s'agit d'abord de dénouer les amarres de la parole[175].

Le sujet est libéré des liens de politesse, de courtoisie, de cohérence même. Cette

désinsertion de son rapport à l'autre fait varier, miroiter, osciller, complète et décomplète l'image de son moi. Il s'agit qu'il l'aperçoive dans sa complétude, à laquelle il n'a jamais accès, afin qu'il puisse reconnaître toutes les étapes de son désir, tous les objets qui sont venus apporter à cette image sa consistance, sa nourriture, son incarnation. Il s'agit que le sujet constitue par des reprises et des identifications successives l'histoire de son moi.

Cette technique

---

173 *Ibid.*, p. 197.
174 *Ibid.*, p. 204.
175 *Ibid.*, pp. 204-205.

produit dans le sujet une relation de mirage imaginaire avec lui-même au-delà de ce que le vécu quotidien lui permet d'obtenir. Elle tend à créer artificiellement, en mirage, la condition fondamentale de toute Verliebtheit.
C'est la rupture des amarres de la parole qui permet au sujet de voir, au moins successivement, les diverses parts de son image, et d'obtenir ce que nous pouvons appeler une projection narcissique maxima.

Il s'agit donc bien ici, nous dit Lacan, d'une révélation narcissique sur le plan de l'imaginaire, qui ajoute :

Et c'est bien la condition fondamentale de la Verliebtheit. *L'état amoureux, quand il se produit, c'est d'une toute autre façon. Il y faut une coïncidence surprenante, car il n'intervient pas pour n'importe quel partenaire ou pour n'importe quelle image. J'ai déjà fait allusion aux conditions maxima du coup de foudre de Werther.*
Dans l'analyse, le point où se focalise l'identification du sujet au niveau de l'image narcissique est ce qu'on appelle le transfert. Le transfert, non pas dans le sens dialectique où je vous l'expliquais dans le cas de Dora par exemple, mais le transfert tel qu'on l'entend communément en tant que phénomène imaginaire[176].

3. Le séminaire I : Dora, *one more time*.

Et Jacques Lacan de revenir, à nouveau, sur le cas Dora. Il faut ici encore avancer pas à pas dans ce passage du séminaire, car il est pesé.

Je vais prendre maintenant un exemple qui vous est déjà familier puisque je suis revenu vingt fois dessus – le cas Dora.
Ce qu'on néglige dans l'analyse, c'est évidemment la parole comme fonction de reconnaissance. La parole est cette

---

[176] *Ibid.*, pp. 205-206.

dimension par où le désir du sujet est authentiquement intégré sur le plan symbolique. C'est seulement lorsqu'il se formule, se nomme devant l'autre, que le désir, quelqu'il soit, est reconnu au sens plein du terme. Il ne s'agit pas de la satisfaction du désir, ni de je ne sais quel primary love [177]*, mais, exactement, de la reconnaissance du désir.*
Rappelez-vous ce que Freud fait avec Dora. Dora est une hystérique. Freud, à ce moment-là, ne connaît pas suffisamment – il l'a écrit, ré-écrit, répété partout en note, et même dans le texte – ce qu'il appelle la composante homosexuelle *– ce qui ne veut rien dire, mais enfin, c'est une étiquette. Cela revient à ceci – il ne s'est pas aperçu de la position de Dora, c'est-à-dire de ce qu'était l'objet de Dora. Il ne s'est pas aperçu, pour tout dire, qu'en O' il y a pour elle Madame K.*[178]
Comment Freud dirige-t-il son intervention ? Il aborde Dora sur le plan de ce qu'il appelle lui-même la résistance. Qu'est-ce à dire ? Je vous l'ai déjà expliqué. Freud fait intervenir, c'est absolument manifeste, son ego, la conception qu'il a, lui, de ce pour quoi est fait une fille – une fille, c'est fait pour aimer les garçons. S'il y a quelque chose qui ne va pas, qui la tourmente, qui est refoulé, ça ne peut être aux yeux de Freud que ceci – elle aime Monsieur K. Et elle aime peut-être un peu Freud par la même occasion. Quand on entre dans cette ligne, c'est tout à fait évident.
Freud, pour de certaines raisons qui sont également liées à son point de départ erroné, n'interprète même pas à Dora les manifestations de son prétendu transfert à son égard – ce qui lui épargne au moins de se tromper ici. Simplement, il lui parle de Monsieur K. Qu'est-ce à dire ? – sinon qu'il lui parle au

---

177 N.B. : Lacan avait précisé, page précédente (p. 206), à propos de Michaël Balint : « Eh bien, Balint dit exactement ceci – tout le progrès de l'analyse consiste dans la tendance du sujet à retrouver ce qu'il appelle l'amour primaire, *primary love.* Le sujet éprouve le besoin d'être l'objet de l'amour, des soins, de l'affection, de l'intérêt d'un autre objet sans avoir, lui, aucun égard envers les besoins ou même l'existence de cet objet. »

178 Cf. p. 187, le *Schéma simplifié des deux miroirs* concaves et du miroir plan : ((O I O'))

niveau de l'expérience des autres. C'est à ce niveau que le sujet a à reconnaître ses désirs. Et s'ils ne sont pas reconnus, ils sont comme tels interdits, et c'est là que commence en effet le refoulement. Eh bien, alors que Dora en est encore à ce stade, où si je puis dire, elle a appris à ne rien comprendre, Freud intervient au niveau de la reconnaissance du désir, à un niveau en tous points homogène à l'expérience de reconnaissance chaotique, voire avortée, qui a déjà fait sa vie.

Freud est là, qui dit à Dora – Vous aimez Monsieur K. *Il se trouve qu'il le dit en plus assez maladroitement pour que Dora cesse immédiatement. S'il avait été à ce moment-là initié à ce qu'on appelle l'analyse des résistances, il le lui aurait fait déguster par petites bouchées, il aurait commencé à lui apprendre que telle et telle chose étaient chez elle une défense, et, à force, il lui aurait en effet enlevé toute une série de petites défenses. Il aurait ainsi exercé, à proprement parlé, une action suggestive, c'est-à-dire il aurait introduit dans son ego un élément, une motivation supplémentaire.*

Freud a écrit quelque part que le transfert, c'est ça. Et d'une certaine façon, il a raison, c'est ça. Seulement, il faut savoir à quel niveau. Car il aurait pu progressivement assez modifier l'ego de Dora pour qu'elle fasse un mariage – aussi malheureux que n'importe quel mariage – avec Monsieur K.

Si l'analyse, au contraire, avait été correctement menée, qu'est-ce qui aurait dû se passer ? Qu'est-ce qui se serait passé si, au lieu de faire intervenir sa parole en O', c'est-à-dire de mettre en jeu son propre ego dans le but de repétrir, de modeler celui de Dora, Freud lui avait montré que c'était Madame K. qu'elle aimait ?

En effet, Freud intervient au moment où, dans le jeu de bascule, le désir de Dora est en O', où elle désire Madame K. Toute l'histoire de Dora est dans cette oscillation où elle ne sait pas si elle n'aime qu'elle-même, son image magnifiée dans Madame K., ou si elle désire Madame K. C'est très précisément parce que cette oscillation se produit sans cesse, parce que cette bascule est perpétuelle, que Dora n'en sort pas.

C'est au moment où le désir est en O' que Freud doit le nommer, car à ce moment-là, il peut se réaliser. Si

l'intervention est assez répétée et assez complète, la Verliebtheit, *qui est méconnue, brisée, continuellement réfractée comme une image sur l'eau qu'on arrive pas à saisir, peut se réaliser. En ce point, Dora pourrait reconnaître son désir, l'objet de son amour, comme étant effectivement Madame K.*
C'est là une illustration de ce que je vous disais tout à l'heure – si Freud avait révélé à Dora qu'elle était amoureuse de Madame K., elle le serait devenue effectivement. Est-ce là le but de l'analyse ? Non, c'est seulement sa première étape. Et, si vous l'avez loupée, ou bien vous cassez l'analyse, comme Freud, ou bien vous faites autre chose, une orthopédie de l'ego. Mais vous ne faites pas une analyse[179].

Avançons. Plus loin … :

Si Freud était intervenu en permettant au sujet de nommer son désir – car il n'était pas nécessaire qu'il le nomme lui-même – il se serait produit en O', l'état de Verliebtheit. *Mais il ne faut pas omettre que le sujet aurait très bien su que c'était Freud qui lui avait donné cet objet de* Verliebtheit. *Ce n'est pas là que se termine le processus.*
Lorsque cette bascule s'est faite, par quoi le sujet en même temps que sa parole réintègre la parole de l'analyste, une reconnaissance lui est permise de son désir. Cela ne se produit pas en une fois. C'est parce que le sujet voit cette complétude, si précieuse qui s'approche, qu'il va de l'avant dans ces nuées comme dans un mirage. Et c'est dans la mesure où il reconquiert son Ideal-Ich *que Freud peut alors prendre sa place au niveau de l'*Ich-Ideal[180].

Voilà,…nous voyons la complexité de la chose en ce printemps de 1954.

---

[179] *Ibid.*, pp. 207-208.
[180] *Ibid.*, p. 209.

La première phase de l'analyse est faite du passage de O en O' - de ce qui, du moi, est inconnu au sujet à cette image où il reconnaît ses investissements imaginaires[181].

Nous voyons que ce premier temps mène à libérer le « *narcissisme sans frein* », et l'exaltation des désirs du sujet. Ce que Dora aurait pu atteindre, et qu'elle n'a pu atteindre à cause de l'erreur de Freud et de son malpositionnement. Souvenons-nous aussi dans l'observation qu'« *on la voit abîmée en contemplation devant ce tableau – l'image de la Madone devant laquelle un homme et une femme sont en adoration*[182]. »

En ce mois de mai 1954, Lacan nous dit que le psychanalyste occupe la place, un temps, de l'*Ideal-Ich,*

pour autant qu'il fait son intervention au bon endroit, au bon moment, à la bonne place[183].

Ce n'est là qu'un premier temps du procès de la cure. Freud, avec Dora, n'y arrive pas, ses interprétations sont inadéquates, un « *stoppage* » en résulte dit Lacan à la séance du 19 mai 1954, c'est dit-il, « *le mur mental* »[184].

Puis ce sera, en cette fin de séminaire, toujours incandescente chez Lacan, le repositionnement très net de la question du transfert dans le symbolique, amorcée déjà le 9 juin 1954 dans sa critique percutante de Balint et, ici, de son texte de 1933, *On transference of emotions* (*Sur le transfert des émotions*), où ce dernier remarque bien que des deux phénomènes fondamentaux dans l'analyse, la résistance et le transfert, la résistance est à rapporter au phénomène du langage – tout ce qui freine, altère, retarde le débit, ou bien l'interrompt complètement –, mais ce qui est transféré sont-ce bien des sentiments, des *emotions,* des émotions, existant à l'intérieur du patient ? Non dit Lacan, c'est stupide.

---

181 *Ibid.,* p. 209.
182 *Ibid.,* pp. 209-210.
183 *Ibid.,* p. 210.
184 *Ibid.,* p. 212.

Et le terme d'une analyse n'est pas ce que croit Balint, à savoir cet état d'éruption narcissique, mais bien plutôt du côté de l'un des distiques écrit par Johannes Scheffler sous le nom d'Angelus Silesius, au début du XVIe siècle, rédigé pendant ses études de médecine – le trentième du second livre du *Pèlerin chérubinique* :

Zufall und Wesen
Mensch werde wesenlich : denn wann die Welt vergeht
So fält der Zufall weg, dasswessen dass besteht.

Ce distique est ainsi traduit –

Contingence et essence
Homme, deviens essentiel : car quand le monde passe,
La contingence se perd et l'essentiel subsiste[185].

Le terme d'une analyse ? « *un crépuscule* », « *un déclin imaginaire du monde* », « *une expérience à la limite de la dépersonnalisation* ».

C'est alors que le contingent tombe – l'accidentel, le traumatisme, les accros de l'histoire – Et c'est l'être qui vient alors à se constituer[186].

Le 16 juin, c'est Nunberg qui « passe à la casserole » avec son texte de 1951, *Transference and reality* qui place tout au niveau de l'imaginaire et de sa reproduction dans l'analyse. Alors que Lacan va faire porter la question sur la parole, le symbolique et…le temps, énonçant que :

la parole a fonction créatrice, et qu'elle fait surgir la chose même, qui n'est rien d'autre que le concept. […]

---

185 Angelus Silesius, *Le Pèlerin chérubinique*, Paris, Eds. Aubier, *ibid.*, p. 258.
186 *Ibid.*, p. 258.

Héraclite nous le rapporte – si nous instaurons l'existence de choses dans une mouvance absolue telle que jamais deux fois le courant du monde ne passe par la même situation, c'est précisément parce que l'identité dans la différence est déjà saturée dans la chose. C'est de là qu'Hegel déduit que le concept est le temps de la chose.

Rappelons-nous ici ce que dit Freud : que l'inconscient est hors du temps. Il se place hors du temps. Comme le concept,

parce qu'il est de lui-même le temps, le temps pur de la chose, et qu'il peut comme tel reproduire la chose dans une certaine modulation, dont n'importe quoi peut être le support matériel.

Lacan précise aussitôt :

Il ne s'agit pas d'autre chose dans l'automatisme de répétition. Cette remarque nous mènera loin, jusqu'aux problèmes de temps que comporte la pratique analytique[187].

Cette dimension de la temporalité sera constamment à reprendre dans l'analyse avec la question de la parole, car :

l'élément temps est une dimension constitutive de l'ordre de la parole. [...]. Le dernier sens de la parole du sujet devant l'analyste, c'est son rapport existentiel devant l'objet de son désir.

La parole est acte et

c'est à l'acte même de la parole en tant que tel que nous sommes renvoyés. C'est la valeur de cet acte actuel qui fait la parole vide ou pleine[188]. *Ce dont il s'agit dans l'analyse du*

---

187 *Ibid.*, p. 267.

188 Mention est faite ici de *la parole vide* du « Rapport de Rome » du 26-27 septembre 1953. *Fonction et champ de la parole et du langage en psychanalyse,* in *Ecrits*, Seuil, 1966, pp. 237-322.

transfert, c'est de savoir à quel point de sa présence la parole est pleine[189].

Lacan va, à cet endroit, nous apporter une précision ; il demande :

A quel moment apparaît dans l'œuvre de Freud le mot Übertragung, *transfert ?*

…Et répond : – pas dans les *Ecrits techniques* de 1904-1919, pas à propos de Dora. C'est dans la *Traumdeutung* de 1900 : septième partie, sous le titre *Psychologie des processus du rêve.*

Puis il redemande :

Qu'est-ce que Freud appelle Übertragung *? C'est, dit-il, le phénomène constitué par ceci, que pour un certain désir refoulé par le sujet, il n'y a pas de traduction directe possible. Ce désir du sujet est interdit à son mode de discours et ne peut se faire reconnaître. Pourquoi ? C'est qu'il y a parmi les éléments du refoulement quelque chose qui participe de l'ineffable. Il y a des raisons essentielles qu'aucun discours ne peut exprimer suffisamment, sinon dans ce que j'appelais tout à l'heure l'entre-les-lignes*[190].

Et Lacan, oui, oui, progresse ;…et nous avec lui :

*Qu'est-ce que nous dit Freud dans sa première définition de l'*Übertragung *? Il nous parle des* Tagesreste, *des restes diurnes, qui sont, dit-il, désinvestis du point de vue du désir. Ce sont dans le rêve des formes errantes qui, pour le sujet, sont devenues de moindre importance – et se sont vidées de leur sens. C'est donc un matériel signifiant. Le matériel signifiant, qu'il soit phonématique, hiéroglyphique, etc., est constitué de formes qui sont déchues de leur sens propre et reprises dans une organisation nouvelle à travers laquelle un sens autre*

---

189 *Ibid.*, p. 268.
190 *Ibid.*, p. 269.

trouve à s'exprimer. C'est exactement cela que Freud appelle Übertragung.
*Le désir inconscient, c'est-à-dire impossible à exprimer, trouve moyen de s'exprimer tout de même par l'alphabet, la phonématique des restes du jour, eux-mêmes désinvestis du désir. C'est donc un phénomène de langage comme tel. C'est à cela que Freud donne la première fois qu'il l'emploie, le nom d'*Übertragung[191].

Arrivé à cette XXè séance du séminaire, le 23 juin 1954, Lacan est assez satisfait de ce qu'il a apporté, de sa « précision » comme il dit :

Cette précision, c'est que c'est seulement sur le plan du symbolique que la fonction du transfert peut être comprise. Autour de ce point central s'ordonnent toutes les manifestations dans lesquelles nous la voyons nous apparaître, et cela jusque dans le domaine de l'imaginaire.
Pour le faire saisir, je n'ai pas cru pouvoir mieux faire que de mettre l'accent sur la première définition du transfert donnée par Freud.
Ce dont il s'agit fondamentalement dans le transfert, c'est de la prise de possession d'un discours apparent par un discours masqué, le discours de l'inconscient. Ce discours s'empare de ces éléments vidés, disponibles que sont les Tagesreste, *et de tout ce qui, dans l'ordre du préconscient, est rendu disponible par un moindre investissement de ce besoin fondamental du sujet qui est de se faire reconnaître. C'est dans ce vide, dans ce creux, avec ce qui devient ainsi des matériaux que s'exprime le discours secret, profond. Nous le voyons dans le rêve, mais nous le retrouvons aussi dans le lapsus et dans toute la psychopathologie de la vie quotidienne.*
C'est à partir de là que nous écoutons celui qui nous parle[192].

---

191 *Ibid.*, pp. 269-270.
192 *Ibid.*, p. 271

4. Le séminaire I : la structure du transfert

A la séance du 30 juin, la séance suivante, Lacan rappelle qu'il est parti des règles techniques exprimées pour la première fois dans les *Ecrits techniques* de Freud

à la fois parfaitement formulées et des plus incertaines. Par une pente qui était dans la nature du sujet, nous avons été amenés à ce autour de quoi nous sommes depuis le milieu du trimestre dernier – la structure du transfert.
Pour situer les questions qui s'y rapportent, il faut partir du point central où notre investigation dialectique nous a menés, à savoir qu'on ne peut rendre compte du transfert comme d'une relation duelle, imaginaire, et que le moteur de son progrès, c'est la parole.
Mettre en jeu la projection illusoire d'une quelconque des relations fondamentales du sujet sur le partenaire analytique, ou encore la relation d'objet, le rapport entre transfert et contre-transfert, tout cela, qui reste dans les limites d'une two bodies' psychology, *est inadéquat. C'est ce que nous montrent, non seulement les déductions théoriques, mais les témoignages concrets des auteurs que j'ai cités*[193]*. Rappelez-vous ce que Balint nous dit de ce qu'il constate lors de ce qu'il appelle la terminaison d'une analyse – ce n'est rien d'autre qu'une relation narcissique.*

Nous avons donc mis en évidence la nécessité d'un troisième terme, qui seul permet de concevoir le transfert en miroir, et qui est dans la parole[194].

Cette séance du 30 juin 1954 est pour nous des plus intéressantes par sa « terminaison », comme avant-dernière séance du séminaire I. Pourquoi ? Parce que Lacan semble anticiper sur son *ternaire R.S.I.* en énonçant que :

---

193 Balint (*two bobies' psychology*), Nunberg, Loewenstein …
194 *Ibid.*, p. 287.

C'est dans la dimension de l'être que se situe la tripartition du symbolique, de l'imaginaire et du réel, catégories élémentaires sans lesquelles nous ne pouvons rien distinguer dans notre expérience.
Ce n'est pas pour rien, sans doute, qu'elles sont trois. Il doit y avoir là une loi minimale que la géométrie ne fait ici qu'incarner, à savoir que, si vous détachez dans le plan du réel quelque volet qui s'introduit dans une troisième dimension, vous ne pourrez rien faire de solide qu'avec deux autres volets au minimum[195].
Un tel schéma vous présentifie ceci – c'est seulement dans la dimension de l'être, et non pas dans celle du réel, que peuvent s'inscrire, les trois passions fondamentales – à la jonction du symbolique et de l'imaginaire, cette cassure, si vous voulez, cette ligne d'arête qui s'appelle l'amour – à la jonction de l'imaginaire et du réel, la haine – à la jonction du réel et du symbolique, l'ignorance.
Nous savons que la dimension du transfert existe d'emblée, implicitement, avant tout commencement de l'analyse, avant que le concubinage qu'est l'analyse ne le déclenche. Or, ces deux possibilités de l'amour et de la haine ne vont pas sans cette troisième, qu'on néglige et qu'on ne nomme pas parmi les composantes primaires du transfert – l'ignorance en tant que passion. Le sujet qui vient en analyse se met pourtant, comme tel, dans la position de celui qui ignore. Pas d'entrée possible dans l'analyse sans cette référence – on ne le dit jamais, on n'y pense jamais, alors qu'elle est fondamentale[196].

---

195 *Ibid.*, p. 297. Lacan avait tracé un dièdre à six faces au tableau. Le plan médian = la surface du réel. « les mots, les symboles, introduisent un creux, un trou, grâce à quoi toutes sortes de franchissements sont possibles. Les choses deviennent interchangeables. Ce trou dans le réel s'appelle, selon la façon dont on l'envisage, l'être ou le néant. »

196 *Ibid.*, p. 298.

5. Le séminaire I : l'amour *versus* le désir

Enfin..., arrivons-nous à la XXIIè et dernière séance de ce séminaire, si fondamental pour la question du transfert ici reprise de Freud par Lacan. Nous sommes le 7 juillet 1954. Lacan accroche à nouveau les questions différentielles de l'amour, du désir et de la haine, essentiellement à travers un dialogue, d'une part avec Serge Leclaire, de l'autre avec Octave Mannoni.

L'amour se distingue du désir. Il vise l'être et non la satisfaction. Le désir c'est la

relation-limite qui s'établit de tout organisme à l'objet qui le satisfait.

Et l'on ne parle d'amour

que là où la relation symbolique existe comme telle[197].

Lacan apprend alors à ses élèves à distinguer

l'amour comme passion imaginaire, du don actif qu'il constitue sur le plan symbolique. L'amour, l'amour de celui qui désire être aimé, est essentiellement une tentative de capturer l'autre dans soi-même, dans soi-même comme objet. La première fois que j'ai parlé longuement de l'amour narcissique, c'était, souvenez-vous-en, dans le prolongement même de la dialectique de la perversion.
Le désir d'être aimé, c'est le désir que l'objet aimant soit pris comme tel, englué, asservi dans la particularité absolue de soi-même comme objet. Celui qui aspire à être aimé se satisfait fort peu, c'est bien connu, d'être aimé pour son bien. Son exigence est d'être aimé aussi loin que peut aller la complète subversion du sujet dans une particularité, et dans ce que cette particularité peut avoir de plus opaque, de plus impensable. On

---

197 *Ibid.*, p. 304.

veut être aimé pour tout – pas seulement pour son moi, comme le dit Descartes[198]*, mais pour la couleur de ses cheveux, pour ses manies, pour ses faiblesses, pour tout.*
Mais inversement, et je dirai corrélativement, à cause de cela même, aimer c'est aimer un être au-delà de ce qu'il apparaît être. Le don actif de l'amour vise l'autre, non pas dans sa spécificité, mais dans son être. [...]
L'amour, non plus comme passion mais comme don actif, vise toujours, au-delà de la captivation imaginaire, l'être du sujet aimé, sa particularité. C'est pourquoi il peut en accepter très loin les faiblesses et les détours, il peut même en admettre les erreurs, mais il y a un point où il s'arrête, un point qui ne se situe que de l'être – quand l'être aimé va trop loin dans la trahison de lui-même et persévère dans la tromperie de soi, l'amour ne suit plus[199]*.*
[...] l'amour, en tant qu'il est une des trois lignes de partage dans laquelle s'engage le sujet quand il se réalise symboliquement dans la parole, se dirige vers l'être de l'autre. Sans la parole en tant qu'elle affirme l'être, il y a seulement Verliebtheit, *fascination imaginaire, mais il n'y a pas l'amour. Il y a l'amour subi, mais non pas le don actif de l'amour.*
Eh bien, la haine, c'est la même chose. Il y a une dimension imaginaire de la haine, pour autant que la destruction de l'autre est un pôle de la structure même de la relation intersubjective. C'est, je vous l'ai indiqué, ce que Hegel reconnaît comme l'impasse de la coexistence de deux consciences, d'où il déduit son mythe de la lutte de pur prestige. Là même, la dimension imaginaire est encadrée par la relation symbolique, et c'est pourquoi la haine ne se satisfait pas de la disparition de l'adversaire. Si l'amour aspire au développement de l'être de l'autre, la haine veut le contraire, soit son abaissement, son déroutement, sa déviation, son délire, sa

---

[198] Là Lacan se trompe : il s'agit de Pascal, comme Mannoni va le lui faire remarquer. Quoique, dans Descartes …

[199] *Ibid.*, pp. 304-305.

négation détaillée, sa subversion. C'est en cela que la haine, comme l'amour, est une carrière sans limite[200].

Et Lacan dira que c'est peut-être difficile à entendre à une époque où notre civilisation est déjà très suffisamment une civilisation de la haine, ce qui fait que les sujets n'ont pas à assumer, pour eux-mêmes, le vécu de la haine. Alors la haine s'habille dans nos discours : prétextes, rationalisations faciles. Il en résulte une

floculation diffuse de la haine qui sature en nous l'appel à la destruction de l'être. Comme si l'objectivation de l'être humain dans notre civilisation correspondait exactement à ce qui, dans la structure de l'ego, est le pôle de la haine.

Cette dernière phrase de Lacan, nous la recevons comme des plus lucides. Haine et amour désignent

les voies de la réalisation de l'être, non pas la réalisation de l'être, mais seulement ses voies.
Et pourtant, si le sujet s'engage dans la recherche de la vérité comme telle, c'est parce qu'il se situe dans la dimension de l'ignorance – peu importe qu'il le sache ou pas. C'est là un des éléments de ce que les analystes appellent readiness to the transference, *ouverture au transfert. Il y a chez le patient ouverture au transfert du seul fait qu'il se met dans la position de s'avouer dans la parole, et chercher sa vérité au bout, au bout qui est là, dans l'analyste. Chez l'analyste aussi il convient de considérer l'ignorance.*
L'analyste ne doit pas méconnaître ce que j'appellerai le pouvoir d'accession à l'être de la dimension de l'ignorance, puisqu'il a à répondre à celui qui, par tout son discours, l'interroge dans cette dimension. Il n'a pas à guider le sujet sur un Wissen, *un savoir, mais sur les voies d'accès à ce savoir. Il doit l'engager dans une opération dialectique, non pas lui dire qu'il se trompe puisqu'il est forcément dans l'erreur, mais lui*

---

[200] *Ibid.*, p. 305.

montrer qu'il parle mal, c'est-à-dire qu'il parle sans savoir, comme un ignorant, car ce sont les voies de son erreur qui comptent.
La psychanalyse est une dialectique, et ce que Montaigne, en son livre III, chapitre VIII, nomme un art de conférer. *L'art de conférer de Socrate dans le* Ménon, *c'est d'apprendre à l'esclave à donner son vrai sens à sa propre parole. Et cet art est le même chez Hegel. En d'autres termes, la position de l'analyste doit être celle d'une* ignorantia docta, *ce qui ne veut pas dire savante, mais formelle, et qui peut être, pour le sujet, formante*[201].

Voilà où nous conduit l'enquête, voilà où nous en sommes en juillet 1954, en suivant pas à pas le texte du séminaire, de très près – un peu trop, penseront, sans doute, certains, pourtant nécessaire à notre avis afin de ne pas rater son avancée. Nous sommes là, quelques minutes avant la fin du séminaire sur les *Ecrits techniques.*

Mais, dans ces quelques minutes qu'il lui reste, Lacan va magistralement reprendre l'ensemble de ses questions du début de l'année : le transfert y compris.

L'expérience analytique est instaurée par les premières découvertes de Freud, sur le trépied rêve, lapsus, trait d'esprit. Un quatrième élément est le symptôme, qui peut servir, non pas de verbum, *puisqu'il n'est pas fait de phonèmes, mais de* signum, *sur la base de l'organisme – si vous vous souvenez des différentes sphères distinguées dans le texte d'Augustin. C'est dans cette expérience, et avec retard sur l'instauration de celle-ci – Freud lui-même dit avoir été apeuré –, qu'il isole le phénomène de transfert. De n'être pas reconnu, le transfert a opéré comme obstacle au traitement. Reconnu, il devient le meilleur appui du traitement.*
Mais avant même de s'apercevoir de l'existence du transfert, Freud l'avait déjà désigné. En effet, il y a dans la

201 *Ibid.*, p. 306. N.B. : l'*ignorantia docta,* ou “docte ignorance”, est du cardinal Nicolas de Cuez.

Traumdeutung *une définition de l'*Übertragung *en fonction du double niveau de la parole, je vous l'ai dit. Il y a des parties du discours désinvesties de signification qu'une autre signification, la signification inconsciente, vient prendre par derrière. Freud le montre à propos du rêve, et je vous l'ai fait voir dans des lapsus éclatants. [...]*
[...] ce transfert, nous nous apercevons qu'il est notre appui.
Je vous ai indiqué trois directions dans lesquelles il est compris par les différents auteurs. Cette tripartition, qui n'est que didactique, doit vous permettre de vous retrouver dans les tendances actuelles de l'analyse – et ça n'est pas brillant[202].

Le transfert par rapport au Réel :

*Certains veulent comprendre le phénomène du transfert par rapport au réel, c'est-à-dire en tant que phénomène actuel. On croit casser une grande vitre en disant que toute analyse doit porter sur l'*hic et nunc. *On croit avoir trouvé là quelque chose d'éblouissant, avoir fait un pas hardi. Esriel écrit sur ce thème des choses touchantes, qui enfoncent des portes ouvertes : le transfert est là, il s'agit simplement de savoir ce que c'est. Si nous prenons le transfert sur le plan du réel, voilà ce que cela donne – c'est un réel qui n'est pas réel, mais illusoire. Le réel, c'est que le sujet est là, en train de me parler de ses démêlés avec son épicier. L'illusoire, c'est qu'en râlant contre son épicier, c'est moi qu'il engueule – c'est un exemple d'Esriel. Il en conclut donc qu'il s'agit de démontrer au sujet qu'il n'y a vraiment aucune raison qu'il m'engueule à propos de son épicier.*
Ainsi, partant des émotions, de l'affectif, de l'abréaction, et autres termes qui désignent un certain nombre de phénomènes parcellaires qui se passent en effet pendant l'analyse, on n'en aboutit pas moins, je vous le fais remarquer, à quelque chose d'essentiellement intellectuel. Procéder sur cette base conduit en fin de compte à une pratique équivalente aux premières formes d'endoctrination qui nous scandalisent tellement dans la

---

[202] *Ibid.*, pp. 308-309.

conduite de Freud avec ses premiers cas. Il faudrait apprendre au sujet à se comporter dans le réel, lui montrer qu'il n'est pas à la page. Si ce n'est pas de l'éducation et de l'endoctrination, je me demande ce que c'est. C'est en tout cas une façon toute superficielle de prendre le phénomène[203].

Le transfert par rapport à l'Imaginaire :

Il y a une autre façon d'aborder le problème du transfert, c'est de le faire à ce niveau de l'imaginaire dont on ne manque pas ici de souligner l'importance[204].

Lacan ici développe son cheval de bataille sur l'éthologie animale, le rôle de la *Gestalt*, etc... Cependant :

La fonction de l'imaginaire n'est pas du tout méconnue dans la théorie analytique, mais ne l'introduire que pour traiter du transfert, c'est se tirer un volet sur chaque oreille, car elle est partout présente, et en particulier quand il s'agit de l'identification. Seulement, il s'agit de ne pas l'employer à tort et à travers. [...]
Chez l'homme, l'imaginaire est réduit, spécialisé, centré sur l'image spéculaire, qui fait à la fois les impasses et la fonction de la relation imaginaire.
L'image du moi – du seul fait qu'il est image, le moi est moi idéal – résume toute la relation imaginaire chez l'homme [...]. C'est dans l'autre qu'il retrouvera toujours son moi idéal, d'où se développe la dialectique de ses relations à l'autre. Si l'autre sature, remplit cette image, il devient l'objet d'un investissement narcissique qui est celui de la Verliebtheit. *Rappelez-vous Werther rencontrant Charlotte au moment où elle tient dans les bras un enfant – ça tombe pile dans l'imago narcissique du jeune héros du roman. Si, au contraire, sur le même versant, l'autre apparaît comme frustrant le sujet de son idéal et de sa propre image, il engendre la tension destructive*

[203] *Ibid.*, pp. 309-310.
[204] *Ibid.*, p. 310.

maxima. A un rien près, le rapport imaginaire à l'autre tourne dans un sens ou dans l'autre, ce qui donne la clef des questions que se pose Freud à propos de la transformation subite, dans la Verliebtheit, *entre l'amour et la haine.*
Ce phénomène de l'investissement imaginaire joue dans le transfert un rôle-pivot[205].

Le transfert par rapport au Symbolique :

Le transfert, s'il est vrai qu'il s'établit dans et par la dimension de la parole, n'apporte la révélation de ce rapport imaginaire que parvenu en certains points cruciaux de la rencontre parlée avec l'autre, c'est-à-dire ici, avec l'analyste. Le discours dénoué d'un certain nombre de conventions par la règle dite fondamentale, se met à jouer plus ou moins librement par rapport au discours ordinaire, et ouvre le sujet à cette méprise féconde par où la parole véridique rejoint le discours de l'erreur. Mais aussi, quand la parole fuit la révélation, la méprise féconde, et se développe dans la tromperie – dimension essentielle, qui nous interdit précisément d'éliminer le sujet comme tel de notre expérience, et de la réduire à des termes objectaux – ces points se découvrent qui, dans l'histoire du sujet, n'ont pas été intégrés, assumés, mais refoulés.
Le sujet développe dans le discours analytique ce qui est sa vérité, son intégration, son histoire. Mais il y a des trous dans cette histoire, là où s'est produit ce qui a été verworfen, *ou* verdankt. Verdankt – *c'est, un moment, venu au discours et ça a été rejeté.* Verworfen – *le rejet est originel. Je ne veux pas m'étendre pour l'instant sur cette distinction.*
Le phénomène du transfert rencontre la cristallisation imaginaire. Il tourne autour et il doit la rejoindre[206].

Il faut ici se reporter à la page 312 de l'édition du Seuil pour découvrir « un schéma de l'analyse », c'est-à-dire cette « dialectique tournante » dont parle Lacan qui va, *in fine*,

---

[205] *Ibid.*, pp. 310-311.
[206] *Ibid.*, p. 311.

encore réintroduire le temps. Il s'agit toujours des deux miroirs concaves, A et B, encadrant, à gauche et à droite, le miroir plan autour duquel tourne la spirale concentrique qui passe, à gauche du miroir plan par O, point où se situe le sujet, à droite du miroir plan par O', point où se situe l'analyste, rapprochant à chaque tour d'autant ces deux points dudit miroir.

Sur cette ligne, remettant cent fois l'ouvrage sur le métier, le sujet, avouant son histoire en première personne, progresse dans l'ordre des relations symboliques fondamentales où il a à trouver le temps, résolvant les arrêts et les inhibitions qui constituent le surmoi. Il y faut le temps.
Si les échos du discours s'approchent trop vite du point O' – c'est-à-dire si le transfert se fait trop intense – il se produit un phénomène critique qui évoque la résistance, la résistance sous la forme la plus aiguë où on puisse la voir se manifester – le silence. En quoi vous saisissez, n'est-ce pas, que, comme le dit Freud, le transfert devient un obstacle quand il est excessif.
Il faut dire aussi que, si ce moment arrive en temps opportun, le silence prend toute sa valeur de silence – il n'est pas simplement négatif, mais il vaut comme au-delà de la parole. Certains moments de silence dans le transfert représentent l'appréhension la plus aiguë de la présence de l'autre comme tel[207].

Et Lacan incite ses auditeurs qui partent en vacances estivales à relire les *Petits écrits techniques* de Freud :

Vous vous apercevrez que les contradictions apparentes à propos du transfert, à la fois résistance et moteur de l'analyse, ne se comprennent que dans la dialectique de l'imaginaire et du symbolique[208].

A la toute fin de la séance, Lacan, encore hégélien, dira :

---

[207] *Ibid.*, pp. 312-313
[208] *Ibid.*, p. 313.

A quoi cela conduit-il ? – sinon à poser à nouveau que le concept, c'est le temps. En ce sens, on peut dire que le transfert c'est le concept même de l'analyse, parce que c'est le temps de l'analyse[209].

[209] *Ibid.*, p. 314.

CHAPITRE V

UN TEMPS DE LATENCE

1. Le séminaire II : sur le Moi

Posons d'emblée cette question : quoi de neuf dans le séminaire II sur le Moi[210], à propos de la question du transfert qui n'y est plus centrale comme dans le précédent ? Ce séminaire qui va, entre autres, voir l'émergence, l'établissement du grand Autre et du schéma L, désigné à ce moment-là aussi comme le schéma en Z (25 mai 1955).

Enquêtons donc et voyons cela d'un peu plus près. Entre la première séance du 17 novembre 1954 et celle du 29 juin 1955, en somme, peu d'occurrences… Ce n'est pas le thème majeur de Lacan de traiter cette année-là du transfert. C'était… l'année passée ! Pourtant, avec la deuxième partie qui s'étale du 1er décembre 1954 au 19 janvier 1955 et qui traite d'*Au-delà du principe de plaisir,* quid ? Le thème de la répétition, chevillé « naturellement » à ce texte devrait donner matière à la reprise de notre question du transfert.

Voyons cela outillé d'une loupe. Le 12 janvier 1955, au cours d'une discussion dans la séance avec Octave Mannoni et Jean Hyppolite, Lacan rappelle que pour Freud justement,

---

210 Jacques Lacan, *Le moi dans la théorie de Freud et dans la technique de la psychanalyse,* Séminaire II, 1954-1955, Paris, Seuil, 1978.

en fin de compte, c'est le fait massif de la reproduction dans le transfert qui lui impose la décision d'admettre comme telle la compulsion de répétition[211].

Deuxième occurrence à la séance onzième du 16 février 1955, où Lacan montre que la censure n'est pas une résistance. Il dit que la censure c'est la loi en tant qu'incomprise et que

censure et surmoi sont à situer dans le même registre que celui de la loi[212]. *[...] La censure n'est ni au niveau du sujet, ni à celui de l'individu mais au niveau du discours, pour autant que, comme tel, il forme à lui tout seul un univers complet, et qu'en même temps il a quelque chose d'irréductiblement discordant, dans toutes ses parties. Il s'en faut d'un rien, de rien du tout, que vous soyez enfermé aux cabinets, ou que vous ayez eu un père accusé à tort de je ne sais quel crime, pour que tout d'un coup la loi vous apparaisse sous une forme déchirante. C'est ça, la censure, et Freud ne confond jamais ce qui est* Widerstand [213] *et ce qui est censure*[214].

Alors que Lacan, quelques instants plus tôt, vient d'énoncer que

la résistance du sujet est liée au registre du moi, c'est un effet du moi[215].

Et bien qu'il précise ensuite que…

la résistance du moi, la résistance liée au moi, qui n'est qu'une petite partie de la résistance. [...][216].

---

[211] *Ibid.*, p. 85.
[212] *Ibid.*, p. 158.
[213] *Widerstand* = résistance
[214] *Ibid.*, p. 159.
[215] *Ibid.*, p. 156.
[216] *Ibid.*, p. 159.

Arrive alors, un peu plus loin cette phrase, après une intervention de Jean-Paul Valabrega :

La censure est au même niveau que le transfert. Il y a une résistance de censure comme il y a une résistance de transfert. Il s'agit là de la censure et du transfert en tant qu'ils s'opposent au travail analytique.[217].

Troisième occurrence à la XVè séance du 30 mars 1955. L'automatisme de répétition est

au-delà du principe du plaisir, au-delà des liaisons, des motifs rationnels, des sentiments à quoi nous pouvons accéder. Au départ de la psychanalyse, cet au-delà est l'inconscient, en tant que nous ne pouvons l'atteindre, c'est le transfert en tant qu'il est véritablement ce qui module les sentiments d'amour et de haine, qui ne sont pas le transfert – le transfert est ce grâce à quoi nous pouvons interpréter ce langage composé de tout ce que le sujet peut nous présenter, langage qui, hors de la psychanalyse, est, en principe incomplet et incompris. C'est çà, l'au-delà du principe du plaisir. C'est l'au-delà de la signification. Les deux se confondent[218].

Autre occurrence, comme pour mieux nous embrouiller, à la séance du 12 mai 1955, la XVIIè. Lacan parle de la résistance :

A quoi correspond la résistance dans le traitement analytique ? A une inertie. Comme telle, elle a pour propriété de n'avoir en elle-même aucune espèce de résistance. La résistance, au sens de Widerstand, *obstacle, obstacle à un effort, il ne faut pas la chercher ailleurs qu'en nous-même. Qui applique la force provoque la résistance. Au niveau de l'inertie, il n'y a, nulle part, résistance. La dimension de tout ce qui s'attache au*

---

[217] *Ibid.*, pp. 159-160.
[218] *Ibid.*, p. 222.

transfert est d'un tout autre registre – elle est de l'ordre d'une insistance[219].

Puis, à la séance du 19 mai 1955, la XVIIIè, on ne trouve pas d'occurrence sur le transfert, mais où l'on apprend alors qu'

il n'y a pas de résistance de la part du sujet. Il s'agit de délivrer l'insistance qu'il y a dans le symptôme[220].

Car :

Il n'y a qu'une seule résistance, c'est la résistance de l'analyste. L'analyste résiste quand il ne comprend pas à quoi il a affaire[221].

Et, temps fort du séminaire, le 25 mai 1955, Lacan introduit sa notion de grand Autre et le schéma en Z, avec dès lors cette parfaite distinction dans la théorie lacanienne entre le sujet et le moi. Ainsi :

Si on forme des analystes, c'est pour qu'il y ait des sujets tels que chez eux le moi soit absent. C'est l'idéal de l'analyse, qui, bien entendu, reste virtuel. Il n'y a jamais un sujet sans moi, un sujet pleinement réalisé, mais c'est bien ce qu'il faut viser à obtenir toujours du sujet en analyse.
L'analyse doit viser au passage d'une vraie parole, qui joigne le sujet à un autre sujet, de l'autre côté du mur du langage. C'est la relation dernière du sujet à un Autre véritable, à l'Autre qui donne la réponse qu'on n'attend pas, qui définit le point terminal de l'analyse.
Pendant tout le temps de l'analyse, à cette seule condition que le moi de l'analyste veuille bien ne pas être là, à cette seule condition que l'analyste ne soit pas un miroir vivant, mais un miroir vide, ce qui se passe, se passe entre le moi du sujet –

---

219 *Ibid.*, p. 246.
220 *Ibid.*, p. 266.
221 *Ibid.*, p. 267.

c'est toujours le moi du sujet qui parle, en apparence – et les autres. Tout le progrès de l'analyse, c'est le déplacement progressif de cette relation, que le sujet à tout instant peut saisir, au-delà du mur du langage, comme étant le transfert, qui est de lui et où il ne se reconnaît pas. Cette relation, il ne s'agit pas de la réduire, comme on l'écrit, il s'agit que le sujet l'assume à sa place. L'analyse consiste à lui faire prendre conscience de ses relations, non pas avec le moi de l'analyste, mais avec tous ces Autres qui sont ses véritables répondants, et qu'il n'a pas reconnus. Il s'agit que le sujet découvre progressivement à quel Autre il s'adresse véritablement, quoique ne le sachant pas, et qu'il assume progressivement les relations de transfert à la place où il est, et où il ne savait pas d'abord qu'il était.
Il y a deux sens à donner à la phrase de Freud – Wo Es war, soll ich werden. *Ce* Es, *prenez-le comme la lettre* S. *Il est là, il est toujours là. C'est le sujet. Il se connaît ou ne se connaît pas. Ce n'est même pas le plus important – il a ou il n'a pas la parole. A la fin de l'analyse, c'est lui qui doit avoir la parole, et entrer en relation avec les vrais Autres. Là ou le* S *était, là le* Ich *doit être*[222].

Enfin, arrive la dernière séance du 29 juin 1955 où Lacan en est toujours à commenter son schéma[223] :

Ce qui s'appelle transfert se passe très exactement entre A et m, *pour autant que le* a, *représenté par l'analyste, fait défaut*[224].

S'évanouit alors aussi la résistance de la fonction imaginaire du moi. : A et m peuvent s'accorder, c'est

La parole fondamentale qui va de A au S [...]. [...] le discours fondamental jusque-là censuré – pour employer le terme qui est le meilleur – s'éclaircit.

---

[222] *Ibid.*, pp. 287-288.
[223] … Que l'on trouvera à la page 284 de l'édition du Seuil, *op. cit.*
[224] *Ibid.*, p. 373.

Ce progrès s'accomplit par l'effet du transfert, lequel se passe ailleurs que là où se passe la tendance répétitive. Ce qui insiste, ce qui ne demande qu'à passer, se passe entre A et S. Le transfert, lui, se passe entre m *et* a. *Et c'est dans la mesure où le* m *apprend peu à peu, si l'on peut dire, à se mettre en accord avec le discours fondamental, qu'il peut être traité de la même façon qu'est traité le A, c'est-à-dire peu à peu lié au S*[225].

Qu'est-ce que cela, *in fine,* signifie ? Cela veut précisément dire que :

Le moi devient ce qu'il n'était pas, qu'il vient au point où est le sujet[226].

2. La cure en 1958

Après avoir suivi, marqué de très près le texte de Lacan, d'aussi près que nous venons de le faire pour ces deux séminaires publics de 1953-1954 et 1954-1955, faisons un saut – pour le besoin de notre enquête – à la fin des années 1950, pour voir où en est Lacan, juste avant d'entreprendre le séminaire 1960-1961, qu'il va consacrer entièrement au transfert.

Où en est Lacan, en 1958, au moment du Colloque de Royaumont des 10-13 juillet 1958 ?

Il fait son rapport : *La direction de la cure et les principes de son pouvoir*[227]. C'est le premier rapport du colloque

---

[225] *Ibid.,* pp. 373-374.

[226] *Ibid.,* p. 374. Note : il ne devient donc pas un moi de plus en plus fort, un moi à la Loewenstein, moi supposé autonome qui prend appui sur le moi de l'analyste, comme le discute et le dispute Lacan à son ancien analyste.

[227] Jacques Lacan, *La direction de la cure et les principes de son pouvoir,* Rapport du colloque de Royaumont, 10-13 juillet 1958, paru dans *La Psychanalyse,* Vol. 6, puis publié in *Ecrits*, Paris, Seuil, 1966, pp. 585-645.

international réuni à cette date, à l'initiative de la Société Française de Psychanalyse.

Depuis le séminaire II sur le Moi, il y a eu, en 1955-1956, celui sur *Les psychoses* (III), celui sur *La Relation d'objet,* de 1956-1957 (IV), celui sur *Les formations de l'inconscient,* de 1957-1958 (V). Il y aura, après ce colloque, en 1958-1959, le séminaire VI, *Le désir et son interprétation,* en 1959-1960, le séminaire VII, *L'éthique de la psychanalyse* et, enfin, en 1960-1961, le séminaire VIII, *Le transfert dans sa disparité subjective, sa prétendue situation, ses excursions techniques*, qui ouvre l'ère des années 1960, deuxième grande période productrice dans l'œuvre de Jacques Lacan.

C'est très net, pour Lacan, plus son œuvre avance, plus cela devient flagrant : c'est du côté du psychanalyste qu'est le problème de la psychanalyse. On l'a vu avec le retournement de la question de la résistance. Ce sera bientôt le retournement de la question du transfert, en 1960-1961, avec le séminaire du même nom. Le *grand Autre* mis en place au printemps 1955, l'*objet a* va suivre et aboutir dans le séminaire sur le désir de 1958-1959. Le *désir de l'analyste* fera pivoter tout le problème du côté de l'analyste, jusqu'à la question de *la passe*, au moment de la *Proposition du 9 octobre 1967 sur le psychanalyste de l'Ecole*, moment où Lacan possède un nouveau concept, depuis le séminaire XI, *Les fondements de la psychanalyse* (« Les quatre concepts fondamentaux de la psychanalyse », au Seuil), à savoir le concept de *sujet supposé savoir* (SSS).

Ici, dans *La direction de la cure,...* Lacan en est encore à dire que, pas seulement l'analysant, mais l'analyste aussi doit *payer.* Il doit

aussi payer de sa personne, en tant que, quoi qu'il en ait, il la prête comme support aux phénomènes singuliers que l'analyse a découverts dans le transfert[228].

---

[228] *Op. cit.*, p. 587.

Car nous avons déjà appris, dès la première page du texte, que le contre-transfert est une impropriété conceptuelle.

Quelle va être la première grande question de *La direction de la cure...,* question envoyée à ses ennemis de la Société Psychanalytique de Paris (SPP), des américains et des ipéistes (de l'IPA, International Psychoanalytical Association, donc...) de tous poils ? Elle nous est livrée un peu plus loin :

Qui est l'analyste ? Celui qui interprète en profitant du transfert ? Celui qui l'analyse comme résistance ? Ou celui qui impose son idée de la réalité [229] *?*

Certes, il y a un maniement du transfert qui consiste aussi à laisser au transfert faire son travail, son œuvre, avant que d'interpréter trop tôt. Car l'interprétation, elle, va se résorber, dit Lacan,

dans un working through*, qu'on peut fort bien traduire simplement par travail du transfert, [...]*[230].

Mais en fait, en 1958,

Où en est-on avec le transfert [231] *?*

C'est la question que va poser Lacan dans la IIIè partie de *La direction...* Si l'on se réfère au travail de Daniel Lagache qui fait, ici, à ce moment-là, l'histoire exacte des travaux depuis Freud sur la question, où cela aboutit-il ? Cela aboutit à ceci, dit Lacan, concernant ledit transfert :

la si pertinente alternative qu'il pose, quant à sa nature dernière, entre besoin de répétition et répétition du besoin.

---

[229] *Ibid.,* p. 592.
[230] *Ibid.,* p. 596.
[231] *Ibid.,* p. 602.

Où l'on voit qu'on est ainsi, quand même, assez loin maintenant de l'emploi ordinaire du terme, avec l'abord le plus discutable et vulgaire de la chose en tant qu'on en fait, comme le dit Lacan,

la succession ou la somme des sentiments positifs ou négatifs que le patient porte à son analyste.

Lacan va dire, à cet endroit, qu'il ne constate aucun accord, qu'il n'y a aucune lumière probante faite sur les légitimes questions suivantes qu'on doit se poser. Trois questions…

1) *[...]est-ce le même effet de la relation à l'analyste, qui se manifeste dans l'énamoration primaire observée au début du traitement et dans la trame de satisfactions qui rend cette relation si difficile à rompre, quand la névrose de transfert semble dépasser les moyens proprement analytiques ?*

2) *Est-ce bien encore la relation à l'analyste et sa frustration fondamentale qui, dans la période seconde de l'analyse, soutiennent la scansion : frustration, agression, régression où s'inscriraient les effets les plus féconds de l'analyse ?*

3) *Comment faut-il concevoir la subordination des phénomènes, quand leur mouvance est traversée par les fantasmes qui impliquent ouvertement la figure de l'analyste*[232] *?*

Rappelons ici que ce sont toujours des divergences techniques qui ont poussé à chaque fois à la révision de la question du transfert. Mais jamais les psychanalystes jusqu'à cette époque n'ont pu déboucher sur une véritable critique de cette notion, note Lacan.

---

[232] *Ibid.*, pp. 602-603.

La notion de transfert s'avère être centrale pour « l'action analytique ». Elle se juge au maniement du transfert. Lacan est là-dessus radical :

Car ce maniement du transfert ne fait qu'un avec sa notion, […][233].

Et cette notion du transfert est en prise directe avec la théorie. A telle théorie de la psychanalyse, telle notion du transfert, à travers telle pratique de son maniement.

Dans chaque théorie, il existe des partialités, des partis pris qui vont engager en conséquence une partialité de la conception du transfert. Lacan attaque principalement trois partialités de la théorie.

1. La **tendance génétique** en psychanalyse, liée au développement observé directement chez l'enfant, dont la caricature serait une certaine stadologie à tout crin. A cette tendance est appendue cette technique particulière appelée « *analyse des défenses* ». Elle repose sur le Moi inconscient de Freud de la deuxième topique. Elle trouve son aboutissement chez Anna Freud et son ouvrage *Les mécanismes de défense*. Les espoirs déçus de cette tendance et de cette voie de l'analyse font se rabattre celle-ci comme celle-là sur la notion de *pattern*, dit actuel ou surtout inactuel, et débouchant sur un « *il faut aller du côté des instincts de vie* », c'est-à-dire ? Augmenter ses revenus, accéder à un poste plus élevé, coucher avec sa secrétaire,… pour libérer les forces asservies dans le *conjungo*, etc.

2. La **deuxième tendance** prend pour axe **la relation d'objet**. Son point d'origine est à situer chez Karl Abraham et la notion d'objet partiel qu'on tire de ce qu'il a dit, en parlant d'« *investissement partiel de l'objet* ».

---

[233] *Ibid.*, p. 603.

*Le transfert qualifié de sexuel (*Sexualübertragung*) est au principe de l'amour qu'on a appelé objectal en français (en allemand :* Objektliebe*). La capacité du transfert mesure l'accès au réel. On ne saurait trop souligner ce qu'il y a ici de pétition de principe*[234].

Il y a ici une finalité instinctuelle : la maturation supposée de l'Objet avec un grand O. D'où deux phases, une mauvaise, puis une bonne. D'abord la prégénitale, avec un objet du même nom, vilaine car teintée d'

irréalisme projectif, de l'autisme plus ou moins dosé, de la restriction des satisfactions par la défense, du conditionnement de l'objet par une isolation doublement protectrice quant aux effets de destruction qui le connotent, soit un amalgame de tous les défauts de la relation d'objet pour montrer les motifs de la dépendance extrême qui en résulte pour le sujet. Tableau qui serait utile malgré son parti pris de confusion, s'il ne semblait fait pour servir de négatif à la berquinade « du passage de la forme prégénitale à la forme génitale », où les pulsions « ne prennent plus ce caractère de besoin de possession incoercible, illimité, inconditionnel, comportant un aspect destructif. Elles sont véritablement tendres, aimantes, et si le sujet ne s'y montre pas pour autant oblatif, c'est-à-dire désintéressé, et si ces objets » (ici l'auteur se souvient de mes remarques) « sont aussi foncièrement des objets narcissiques que dans le cas précédent, il est ici capable de compréhension, d'adaptation à l'autre. D'ailleurs, la structure intime de ces relations objectales montre que la participation de l'objet à son propre plaisir à lui, est indispensable au bonheur du sujet. Les convenances, les désirs, les besoins de l'objet (quelle salade!)[235] *sont pris en considération au plus haut point*[236]. »

---

[234] *Ibid.*, p. 605.

[235] Ici l'on trouve en bas de page une note indicée 1 : *Parenthèse de l'auteur du présent rapport*. C'est-à-dire Lacan lui–même.

[236] *Ibid.*, pp. 605-606.

Ce discours « tarte-à-la crème », Lacan le ridiculise car il n'en veut plus. Il dira plus loin :

qu'a à faire avec le réel cet hymne absurde à l'harmonie du génital[237] *?*

La relation d'objet n'a pas pour type démonstratif l'activité du collectionneur, comme le croit Abraham. C'est plutôt du côté de

l'impasse constitutive du désir comme tel

que Lacan propose de porter notre regard.

Ce qui fait que l'objet se présente comme brisé et décomposé, est peut-être autre chose qu'un facteur pathologique.

Cette tendance s'engage donc dans la fausse route d'une sublimation non questionnée, d'une « *oblation qui rayonne de l'amour* »[238], de « *l'orgasme parfait* », du « *normalisme délirant de la relation génitale* ». Mais voilà, nous ne sommes pas là pour « *ranimer la faim sexuelle chez les retardés de la glande* », la physiologie n'est pas notre propos.

3. Et Lacan arrive alors à la **troisième tendance**, **la relation duelle**, troisième erreur qui, avec les deux premières, fait pyramide.

Il faut au moins trois faces à une pyramide, fût-elle d'hérésie.[...]
Si le transfert prend sa vertu d'être ramené à la réalité dont l'analyste est le représentant, et s'il s'agit de faire mûrir l'Objet dans la serre chaude d'une situation confinée, il ne reste plus à l'analysé qu'un objet, si l'on nous permet l'expression, à se mettre sous la dent, et c'est l'analyste.

---

[237] *Ibid.*, p. 606.
[238] *Ibid.*, p. 607.

D'où la notion d'introjection intersubjective qui est notre troisième erreur, de s'installer malheureusement dans une relation duelle.
Car il s'agit bien d'une voie unitive dont les sauces théoriques diverses qui l'accommodent selon la topique à laquelle on se réfère, ne peuvent que conserver la métaphore, en la variant selon le niveau de l'opération considérée comme sérieux : introjection chez Ferenczi, identification au Surmoi de l'analyste chez Strachey, transe narcissique terminale chez Balint.

Cette tendance méconnaît ceci : nous ne sommes pas, analyste et patient, dans une relation duelle. Le sujet a un mode de présence au désir qui vient illustrer un troisième terme, le *phallus* et sa fonction privilégiée.

Faute de s'orienter : analyste/patient/phallus, l'on croît à la relation duelle et l'on entre dans l'erreur totale.
Non seulement, il faut se repérer, mais il faut « acter », il faut agir. Et avec quoi ? Mais avec son être. L'être de l'analyste ? Vaste programme qui va occuper dorénavant centralement l'avancée lacanienne. L'être de l'analyste, c'est Sandor Ferenczi qui, le premier, se trouve taraudé par cette question, dans son article de 1909, *Introjection et transfert*[239].

Si Ferenczi conçoit le transfert comme l'introjection de la personne du médecin dans l'économie subjective, il ne s'agit plus ici de cette personne comme support d'une compulsion répétitive, d'une conduite inadaptée ou comme figure d'un fantasme. Il entend par là l'absorption dans l'économie du sujet de tout ce que le psychanalyste présentifie dans le duo comme hic et nunc d'une problématique incarnée. Cet auteur n'en vient-il pas à l'extrême d'articuler que l'achèvement de la cure

---

239 Sandor Ferenczi, *Introjektion und Übertragung,* in Jarrbuch für psychoanalytische Forschungen, I, pp. 422 - 457 ; *Introjection and Transference,* in Sex in Psychoanalysis, Basic Books, N.-Y., pp. 35-93, trad.fr. *op. cit.*.

ne puisse être atteint que dans l'aveu fait par le médecin au malade du délaissement dont lui-même est en position de souffrir[240] *?*

Comique dira Lacan ! Non, il faut reprendre au départ. Toujours ! Et encore ! Lacan parle alors d'un transfert en tant que primaire.

Pour reprendre le départ, cette situation [241] *explique le transfert primaire, et l'amour où parfois il se déclare.*
Car si l'amour, c'est donner ce qu'on a pas, il est bien vrai que le sujet peut attendre qu'on le lui donne, puisque le psychanalyste n'a rien d'autre à lui donner. Mais même ce rien, il ne le lui donne pas, et cela vaut mieux : et c'est pourquoi ce rien, on le lui paie, et largement de préférence, pour bien montrer qu'autrement cela ne vaudrait pas cher[242].

Le transfert primaire reste le plus souvent, affirme-t-il, à l'état d'ombre. Mais que donne, au fond, l'analyste ?

On remarquera que l'analyste donne pourtant sa présence, mais je crois qu'elle n'est d'abord que l'implication de son écoute, et que celle-ci n'est que la condition de la parole. [...] C'est plus tard que sa présence sera remarquée.

L'analyste donne-t-il ce que l'on a coutume d'appeler une réponse ?

Qu'elle se veuille frustrante ou gratifiante, toute réponse à la demande dans l'analyse, y ramène le transfert à la suggestion.
Il y a entre transfert et suggestion, c'est là la découverte de Freud, un rapport, c'est que le transfert est aussi une

---

240 *Ibid.*, p. 613.
241 La « situation analytique », dont il dit aussi par ailleurs que ce n'est pas une « situation »…
242 *Ibid.*, p. 618.

suggestion, mais une suggestion qui ne s'exerce qu'à partir de la demande d'amour, qui n'est demande d'aucun besoin. [...]
Mais il ne faut pas confondre l'identification au signifiant tout-puissant de la demande, dont nous avons parlé, et l'identification à l'objet de la demande d'amour. [...]
*Là est l'*exit *qui permet qu'on sorte de la suggestion. L'identification à l'objet comme régression, parce qu'elle part de la demande d'amour, ouvre la séquence du transfert (l'ouvre, et non pas la ferme), soit la voie où pourront être dénoncées les identifications qui en stoppant cette régression, la scandent*[243].

Puis vient un conseil didactique :

Qui ne sait pas pousser ses analyses didactiques jusqu'à ce virage où s'avère avec tremblement que toutes les demandes qui se sont articulées dans l'analyse, et plus que toute autre celle qui fut à son principe, de devenir analyste, et qui vient alors à échéance, n'étaient que transferts destinés à maintenir en place un désir instable ou douteux en sa problématique, - celui-là ne sait rien de ce qu'il faut obtenir du sujet pour qu'il puisse assurer la direction d'une analyse, ou seulement y faire une interprétation à bon escient.
Ces considérations nous confirment qu'il est naturel d'analyser le transfert. Car le transfert en lui-même est déjà analyse de la suggestion, en tant qu'il place le sujet à l'endroit de sa demande dans sa position qu'il ne tient que de son désir.
C'est seulement par le maintien de ce cadre du transfert que la frustration doit prévaloir sur la gratification.
La résistance du sujet quand elle s'oppose à la suggestion, n'est que désir de maintenir son désir. Comme telle, il faudrait la mettre au rang du transfert positif, puisque c'est le désir qui maintient la direction de l'analyse, hors des effets de la demande.

---

[243] *Ibid.*, p. 635.

Ces propositions, on le voit, changent quelque chose aux opinions reçues en la matière. Qu'elles donnent à penser qu'il y a maldonne quelque part, et nous aurons atteint notre but[244].

Et Lacan se fâche lorsqu'il parle de l'action de l'analyste qui, dit-il « *descend à l'abjection*[245]. »

Car enfin qu'est-ce d'autre, quand l'analyste s'interpose pour dégrader le message de transfert qu'il est là pour interpréter, en une fallacieuse signification du réel qui n'est que mystification.
Car le point où l'analyste d'aujourd'hui prétend saisir le transfert, est cet écart qu'il définit entre le fantasme et la réponse dite adaptée. Adaptée à quoi sinon à la demande de l'Autre, et en quoi cette demande aurait-elle plus ou moins de consistance que la réponse obtenue, s'il ne se croyait autorisé à dénier toute valeur au fantasme dans la mesure qu'il prend de sa propre réalité[246] *?*

Alors, Lacan de conclure à ce sujet :

C'est ainsi qu'au mieux l'analyste d'aujourd'hui laisse son patient au point d'identification purement imaginaire dont l'hystérique reste captif, pour ce que son fantasme en implique l'engluement.
Soit ce point même dont Freud, dans toute la première partie de sa carrière, voulait le tirer trop vite en forçant l'appel de l'amour sur l'objet de l'identification (pour Elisabeth von R..., son beau-frère ; pour Dora, M. K... ; pour la jeune homosexuelle du cas d'homosexualité féminine, il voit mieux, mais achoppe à se tenir pour visé dans le réel par le transfert négatif).

---

[244] *Ibid.*, p. 636.
[245] *Ibid.*, p. 638.
[246] *Ibid.*, p. 639.

Ce ne sera que dans *Psychologie des masses et analyse du Moi,* que Freud, dans ce chapitre appelé *l'identification,* arrivera à distinguer, précise Lacan,

ce troisième mode d'identification que conditionne sa fonction de soutien du désir et que spécifie donc l'indifférence de son objet[247].

Nous en resterons là sur la position de Lacan à la fin de ces années 1950. En 1958, *La direction de la cure...* est un texte charnière qui pointe, avec ses références au phallus, au désir, au graphe (du désir), à la lettre et au transfert, à la parole, à la demande et à la liberté, où en est Lacan entre l'*Hamlet* du séminaire sur le désir de 1958-1959 et le Sade du Séminaire sur *l'Ethique* de 1959-1960, et le Socrate du *Banquet* et *la Trilogie claudélienne* du Séminaire sur le *Transfert* de 1960-1961, avant qu'il se prenne de topologie à partir du Séminaire de 1961-1962 : *L'identification.*

---

[247] *Ibid.,* p. 639. Il s'agit ici de l'identification hystérique, au leader : je désire ce que désire l'Autre, à/de sa place...

CHAPITRE VI

LE SEMINAIRE DU MEME NOM

1. La chute de l'intersubjectivité

Ainsi, nous voici arrivé à ce point de l'enquête où tout va basculer pour la question du transfert, avec ce fameux séminaire sur le transfert. Très précisément : *Le transfert dans sa disparité subjective, sa prétendue situation, ses excursions techniques*[248].

Nous sommes en 1960–1961. C'est de là que date notre notion actuelle du transfert, notre théorie d'où notre pratique d'analyste s'engendre à ce sujet. Lacan en est à sa huitième année d'enseignement public, sa dixième année d'enseignement de la psychanalyse à ses élèves. Celui-ci se fait encore à Sainte-Anne, à la Clinique de la rue Cabanis.

Ni philosophe, ni philologue, ni helléniste, Lacan va commenter durant les onze, douze, premières séances de son séminaire, *Le banquet de Platon.* Car il nous faut diviser ce séminaire en quatre parties, inégales.

I. Les onze premières séances du *Banquet* (16, 23, 30 novembre 1960, 7, 14, 21 décembre 1960, 11, 18, 25 janvier 1961, 1er et 8 février), d'une part ;
II. D'autre part, les quatre séances consacrées à la *Trilogie* claudélienne[249] (3, 10, 17 et 24 mai) ;

---

[248] Jacques Lacan, *Le transfert dans sa disparité subjective, sa prétendue situation, ses excursions techniques,* Séminaire VIII, Paris, Seuil, mars 1991 et juin 2001. Nous préférons utiliser cependant, et le plus souvent, des versions inédites moins fautives de la transcription de ce séminaire.

[249] Paul Claudel, *la grande trilogie historique : l'otage (1911), le pain dur (1918), le père humilié (1920),* Folio, Paris, Gallimard, 1987.

III. A quoi s'ajoute un intermède de six séances (8, 15, 22 mars, 12, 19 et 26 avril) ;
IV. Et un final de cinq séances (31 mai, 7, 14, 21, 28 juin).

C'est, on l'entrevoit, déjà un énorme travail. Pour entrer dans ce monument dédié au transfert, il nous faut lire, à minima, *Le Banquet* de Platon et la *Trilogie* claudélienne.

Lacan, à ce moment, possède tout. L'ensemble de ce qu'il appelle lui-même « ses petites lettres » : S, S, A, A S◊a, S◊D, S (A)... Tout cela avec le schéma L, le schéma du bouquet renversé, le miroir plan et le miroir concave, et surtout... depuis le séminaire sur *Le désir...*, il possède l'*objet petit a.*

C'est sur cet *objet* a que tout va se jouer maintenant concernant la question du transfert et la place que l'analyste doit y tenir. *Last, but not least,* c'est dans ce séminaire que va émerger le fameux *sujet supposé savoir,* lors de la séance du 3 mai 1961, la première séance de la *Trilogie* claudélienne.

Il va donc s'agir, très précisément maintenant, et l'on pourrait dire : enfin ! d'interroger le *désir du psychanalyste.* Avec quoi ? Avec la question de l'*amour.* L'amour grec, à la grecque. Qu'il soit « à la grecque » a moins d'importance, en fait, qu'il soit grec. C'est-à-dire, qu'il s'agit d'un amour avant l'amour à la chrétienne comme il en sera question au moment de la *Trilogie.* Qu'est-ce à dire ? Qu'il soit grec veut dire ici que l'amour n'est pas sans le désir. C'est un amour-désir, un amour selon la loi du désir, c'est ce désir qui lui permet de vivre. C'est donc le contraire de ce qui a été retenu habituellement de « l'amour platonicien ». L'amour platonicien, c'est les autres, sauf Socrate précisément.

Il va donc être question de l'Ερôσ, et de l'*Erôs* dans cette « *assemblée de vieilles tantes* » [250] comme s'exprime un certain moment Lacan.

L'Erôs : il va s'agir... de « *s'en servir* ». « *Socrate choisit de servir Erôs pour s'en servir ou en s'en servant* »[251]. C'est dans

[250] On était « vieille tante » dès... trente-cinq ans à cette époque.
[251] J.L., *Le transfert..., op. cit.,* séance du 16 novembre 1960.

ce sens que Socrate apparaît constamment, pour tout problème, a-topique. C'est l'*atopia* de Socrate.

Dans tout ce qui assure l'équilibre de la cité, non seulement Socrate n'a pas sa place, mais il n'est nulle part[252].

Lacan destitue d'emblée la notion d'intersubjectivité pour, derrière, laisser apparaître quoi ? Le transfert ! L'intersubjectivité sur laquelle reposait bon nombre de ses commentaires sur le symbolique tombe au « chant » d'honneur lacanien. En effet, Lacan cesse brusquement de nous « chanter la chanson » de l'intersubjectivité tel qu'il le fait depuis une dizaine d'années. Il n'y a pas, il n'y a plus d'intersubjectivité, le transfert, précisément est ce qui y fait obstacle. Alors de quoi va-t-il s'agir avec une analyse ? Il s'agit de :

s'isoler avec un autre pour lui apprendre quoi ? Ce qui lui manque ! [...] « ce qui lui manque » il va l'apprendre en tant qu'aimant.

Aimer, c'est d'abord la référence au corps et à ce qui l'affecte : la beauté. Beauté, corps, amour sont ici références obligées.

Le *Banquet* va nous y introduire, et ce, dès la séance du 23 novembre 1960. *Le Banquet* est un texte sur l'amour, comme son sous-titre d'ailleurs le mentionne : *Le Banquet ou de l'amour.* Lacan rappelle qu'il s'agit de l'un de ces textes qui venaient d'émerger de l'Orient pour se répandre dans la Culture occidentale. La première traduction en français de ces textes est due à Ludovic Rejus, Louis le Roy en 1559. La pagination canonique a été fixée par Henri Estienne dès 1578. L'habitude universitaire le fait, ce texte, s'arrêter à l'entrée d'Alcibiade. Mais ce qui intéresse Lacan c'est :

dans Le Banquet, le point autour duquel va s'éclairer au plus profond non pas tellement la question de la nature de l'amour

---

[252] *Op. cit.,* séance du 16 novembre 1960.

que la question qui ici nous intéresse, à savoir, de son rapport avec le transfert[253].

La scène se passe en 416 avant Jésus-Christ. 399, c'est la mort de Socrate, dix-sept ans plus tard. Mais 370, c'est « la sortie » du *Banquet*, sa publication. Appollodore parle, raconte *Le Banquet* en 400, récit qu'il a recueilli d'Aristodème.

Le Banquet a donné lieu à des

kilos de langage, c'est-à-dire, des piles de livres et des tas de papiers.

Lacan, lui, propose de prendre *Le Banquet* comme une sorte de compte-rendu de séances psychanalytiques. Le sujet du *Banquet,* c'est quoi ? C'est :

en somme, à quoi ça sert d'être savant en amour ?

Et ici de

vous apercevoir que Socrate ne dit presque rien en son nom.

Comme le psychanalyste ?

L'amour a toujours donné lieu à « *la fonction de la sublimation* », dans l'amour grec, dans l'amour courtois aussi.

Mais depuis peu

l'amour et son phénomène et sa culture et sa dimension est depuis quelques temps désengrèné d'avec la beauté.

L'amour, toujours, est un sentiment comique : « *l'amour, c'est donner ce qu'on a pas* », phrase que Lacan affectionne constamment, comme on l'a vu, de répéter. Mais, il va falloir cependant ici distinguer. Et distinguer très exactement quoi ? Des places. Au moins deux : l'amant, ερας̧τέσ, *érastès* ; et

---

[253] *Op. cit.*, séance du 23 novembre 1960.

l'aimé, ερωμενοσ, *érômenos*. Deux places, c'est-à-dire aussi, deux fonctions.

Nous sommes à la séance du 30 novembre 1960. La première citation de Freud vient à Lacan dans cette séance. Il fait référence à ce qu'on appelle, comme on l'a longuement vu plus haut, les *Ecrits techniques,* à ce texte qu'il contient, toile de fond de ce qui s'aborde ici : *Observations sur l'amour de transfert*[254]. Car rien de moins qu'avec cet amour, même s'il est dit : « de transfert », va se poser la question de la fin de l'analyse.

Celui qui vient nous trouver, par principe de cette supposition qu'il ne sait pas ce qu'il a (déjà là est toute l'implication de l'inconscient, du « il ne sait pas » fondamental et c'est par là que s'établit le pont qui peut relier notre nouvelle science à toute la tradition du « connais-toi toi-même »[255] *; bien sûr il y a une différence fondamentale, l'accent est complètement déplacé de cet « il ne sait pas ») […].*

La question de la fin de l'analyse comme jamais elle ne l'a encore été posée, la fin, oui, c'est-à-dire son terme, θέλοσ, *télos* : aboutissement, terminaison de l'analyse. Pour Freud, cela est resté un manque : castration chez l'homme, « roc de la castration » dit Freud ; *Penisneid,* envie du pénis chez la femme, dit-il. Il y a donc ici, chez Freud, *impasse.*
Deux termes, deux places, deux fonctions, venons-nous de dire, certes oui ; mais, en fait… trois, si l'on y regarde de près !

- erastes, l'amant ;
- erôs, l'aimant ;

---

[254] Sigmund Freud, *Observations sur l'amour de transfert, op. cit.,* in *La technique psychanalytique,* Paris, PUF, 1953.

[255] On connaît ce précepte inscrit à Delphes. Socrate en développe le commentaire, l'adressant à Alcibiade (Platon, in *Alcibiade,* Paris, Ed. Belles lettres, tome I, 1959, collection Budé 124b).
N.B. Nous sommes redevable ici, comme ailleurs du remarquable travail effectué par l'association dissoute *Stécriture.*

- erômenos, celui qui est aimé.

Un problème pourtant se pose :

Ce qui manque à l'un n'est pas ce « ce qu'il a », caché dans l'autre. Et c'est là tout le problème de l'amour.

Il n'y a pas coïncidence, mais déchirement, discordance :

il lui suffit d'être dans le coup, d'aimer, pour être pris à cette béance, à ce discord.

A la séance du 7 décembre 1960, l'amour, ainsi, est dit chose bien délicate, toujours prête à basculer. Lacan met cette phrase au tableau, en grec, au début de cette séance :

Un désir redoublé est de l'amour, mais l'amour redoublé devient du délire.

Le 14 décembre 1960, Lacan, à cette séance pose (enfin !) la question subjective du transfert en psychanalyse. C'est ici, encore, celle du demandeur :

Cette question est simple, c'est celle du transfert, je veux dire qu'elle se propose [de partir] des termes déjà élaborés. Un homme, le psychanalyste de qui on vient chercher la science de ce qu'on a de plus intime (car c'est là l'état d'esprit dans lequel on l'aborde communément) et donc de ce qui devrait être d'emblée supposé[256] *comme lui étant le plus étranger et d'ailleurs qu'on suppose en même temps comme devant lui être le plus étranger (nous rencontrons ceci au départ de l'analyse) cette science pourtant, il est supposé l'avoir.*

---

[256] Note : nous repérons ici, à la séance du 14 décembre 1960 du *Transfert,* ce qui pour nous est la première,... deuxième et troisième émergence du terme *supposé,* qui fera florès pris un peu plus tard dans le syntagme *sujet supposé savoir.*

Alors, pourquoi cette situation, définie en termes subjectifs, engendre-t-elle

quelque chose [...], qui ressemble à l'amour (car c'est ainsi qu'on peut définir le transfert) ? Disons mieux, disons plus loin, [quelque chose] qui met en cause l'amour, le met en cause assez profondément [...].

Le 21 décembre 1960. C'est dans cette séance que Lacan nous indique sa méthode de lecture :

C'est toujours pour ce qu'il nous fait entendre à nous qu'un discours (même prononcé à une époque très lointaine où les choses que nous avons à entendre n'étaient point en vue) nous l'interrogeons. [...] non pas comment le discours se situe dans l'histoire, mais comment l'histoire elle-même surgit d'un certain mode d'entrée du discours dans le réel.

Le 11 janvier 1961, nous entrons précisément... dans le réel, nous y sommes ! *De facto,* nous y voilà engagés. Le poids maintenant va porter sur l'analyste. Cette histoire folle qu'est l'analyse, son poids, tout son poids va porter sur l'analyste... enfin mis « *à la question* ». La bascule s'opère ainsi. Lacan est amené à parler, de quoi ? Eh bien, « *tout simplement* » du *désir de l'analyste.*

que la complexité de la question du transfert n'étant aucunement limitable à ce qui se passe chez le sujet dit patient, à savoir l'analysé. Et par conséquent la question se pose d'articuler d'une façon un petit peu plus poussée qu'il n'avait été fait jusqu'à présent ce que doit être le désir de l'analyste.
[...] les coordonnées que l'analyste doit être capable d'atteindre simplement pour occuper la place qui est la sienne – laquelle se définit comme la place qu'il doit offrir vacante au désir du patient pour qu'il se réalise comme désir de l'Autre.

Alors, Socrate dans tout cela ? Au congrès de Royaumont du 19 au 23 septembre 1960[257], Lacan affirme que la place d'où opère Socrate, a à voir avec celle de l'analyste ou, plus précisément, Socrate la tient en tant que « *précurseur de l'analyste* »[258]. Car, comme l'analyste, il dit :

ne savoir rien, si ce n'est ce qui concerne le désir[259].

Et bien entendu, Socrate est celui qui jure auprès de tous les autres et leurs tartines de miel : Phèdre, Pausanias, Eryximaque, Aristophane, et… Agathon.

2. L'acmé de l'*ouden ôn*

Comment les définir dans un langage moderne ? Phèdre, c'est le théologien, il tient le discours du religieux, de la religion, de toute religion en somme. Pausanias, c'est le politique épris d'éducation, c'est l'éducateur né, il tient le très moderne discours du sociologue. Eryximaque, c'est le médecin, il tient le très actuel (ou éternel ?) discours du médecin. Aristophane, c'est le poète comique, l'ennemi de Socrate, son détracteur invétéré. Enfin, Agathon, c'est le jeune poète tragique.

Quelle est l'image *princeps* de l'amour ? C'est celle de la « coupe pleine » (175d), car l'amour ne peut-être que manque… de rien ! Aristophane dit qu'il se représente cette totalité qui n'a pas de faille, cette sorte de figure de la complétude par la

---

257 Jacques Lacan, *Subversion du sujet et dialectique du désir dans l'inconscient Freudien, Ecrits,* Paris, Seuil, 1966 (pp. 793-827), p. 825, qui eut lieu dans le cadre des *Colloques philosophiques internationaux,* Jean Walh invitant.

258 *Op. cit.,* p. 825. La version du Seuil imprime : « précurseur de l'analyse ». Sans « t » donc !

259 *[...] ne rien savoir d'autre que les choses de l'amour ; [...]* Platon, *Le banquet ou De l'amour*, 177 d., trad. Léon Robin et M.J. Moreau, Paris, Gallimard folio essais, 1973, p. 36.

« sphère » : deux moitiés séparées alors réunies, formant l'Un. Phèdre dit que l'amour n'est pas redevable d'un père, il n'a pas de père autant qu'il n'a pas de généalogie, qu'il est non engendré. Mais pour quelle raison ? Pour la « bonne » raison que de tous les biens, il est la cause première. Eryximaque et Agathon n'ajoutent au fond, par la suite, pas autre chose.

Mais, ce que se disent ainsi les cinq compères suppose tout de même quelque chose. Quoi ? Qu'il y a, concernant Erôs, un lieu du savoir déjà là. Qu'il faut seulement se donner les moyens de le retrouver. Qu'est-ce à dire, sinon que ce lieu, en tout cas, n'est donc pas à *produire*... Il y a pour eux un savoir ; ce savoir est déjà inscrit quelque part, et l'amour se trouve être conforme à ce savoir. Comment donc l'atteindre ? Chacun va répondre à sa manière. Phèdre pense que c'est en louant les dieux. Aristophane, lui, croit que c'est plutôt en s'adressant à l'Un originel, c'est-à-dire en fait, au mythe de cet Un sous la forme de l'*Archaia physis,* en s'essayant à le rejoindre. Pausanias, lui, pense qu'il faut pour ce faire se conformer à la loi de la cité (ici celle d'Athènes) : l'aimé (l'éromène) donne ses faveurs à ses amants (ses érastes) en fonction, en accord avec les règles en vigueur, c'est-à-dire conformément à une éthique dans la cité où prime l'amour éducateur. S'il s'accorde à être aimé, c'est dans un but, une finalité : cela doit servir socialement à acquérir de l'Autre aimant..., quoi ? Honneur, courage, vertu. Dès lors il se doit d'être attentif, car la voie se calcule : il y a le profitable, mais aussi l'inutile. Il lui faut être prudent, pudique, mesuré et pratiquer la mise à l'épreuve.

Pourtant, tout ceci ne semble, à écouter le ton même sur lequel on prend soin de s'exprimer, n'être qu'une vaste bouffonnerie. Ces cinq éloges n'arrêtent pas d'en rajouter dans l'ironie et la parodie de cette description de l'amour comme plénitude. Et cette plénitude, *in fine,* où la situer sinon du côté de l'aimé (l'éromène), car aimer, c'est être aimable, c'est-à-dire vouloir faire ce qu'il faut pour... être aimé ! Beaux, vrais et bons se présentent ces cinq discours. A ce titre, sont-ils autre chose qu'opinion, mythe ou fiction ? Socrate va effectuer une radicale coupure dans tout cela. Car, ce qui l'intéresse c'est l'επιστεμέ, l'*épistémè*, le savoir, seule chose qui peut nous donner la raison de tout dire qui puisse s'afficher comme vrai, bon, beau.

Socrate prend les choses à l'envers. Socrate aime..., certes, mais il aime...le savoir. Que le savoir ? Il a l'*érôs* du savoir. Mais Erôs est manque, et ici, précisément, manque de savoir. Erôs est imparfait, « coupe vide » plutôt que pleine. Erôs est manque de ce que je n'ai pas : επιτυμια, *épithumia*, désir. Je ne peux savoir sur Erôs, sans aimer le savoir, sans être littéralement animé de l'amour du savoir. Arrivé au terme où je ne sais plus, je me tais donc. Socrate de même se tait ; il laisse par sa bouche parler Diotime.

Diotime est donc convoquée. Elle s'avère platoniste, sinon platonicienne. Elle dit que la mère d'Erôs c'est Πένιά, *Pénia*, la pauvreté. Ce qui fait de lui un être sublunaire, qu'il circule et agit dans le registre de l'instable, de l'incertain. Mais Erôs a un pouvoir, car il est fils de Πωρωσ, *Poros*, la richesse. Par son père, il a la capacité d'atteindre au Céleste, au champ de l'immortalité comme à celui de la certitude. Erôs est donc ce *go-between,* ce *deimon,* ce petit démon qui permet à l'humain de balancer d'un monde à l'autre, cet entre-deux qui par son dire bien arrive à produire, au sein de la beauté, au cœur d'une esthétique tant des corps que des âmes, un mouvement d'élévation, ou plus justement d'*érection* de l'être.

Mais cette érection de l'être *par* la beauté devient assez vite une érection de l'être *pour* la beauté. C'est alors à nouveau le Beau que l'on vise. Et le Beau, c'est... l'Un. Retour à la case départ !

Ce qui se joue, dès lors, est purement à repérer en terme d'identification par le moyen de cette bien collante idéalisation de l'être à quoi ? A ce que Freud repère et nomme *Ichideal, idéal du moi,* soit ce qui fait support, socle au bon vieux narcissisme. De là, de ce point en grand I, je me vois aimable donc possiblement, et surtout logiquement, aimé. Ce n'est plus simplement un vœu, ni un vouloir-être, c'est tout crûment un *devoir-être.* L'Autre doit, plus : *me doit de m'aimer !* Il est mon *éraste*, comme je dois être son *éromène*. Enfin, je n'ai plus à me préoccuper d'être *éraste*, *désirant*, car (ce « car » est d'importance), je suis devenu *éromène*, *désiré* ; je me suis promu en un peu plus à aimer.

Mais c'est l'arrivée d'Alcibiade. Il entre...et fiche tout par terre ! Alcibiade est remarquable en ceci qu'il ne nous parle pas d'Erôs. Ainsi, il ne rajoute pas un sixième éloge sur l'amour. Il dit son « *désiramour* » *d'éraste* pour son *éromène* de Socrate. Car Alcibiade nous dit ce qui s'est produit en lui : tout bonnement... ***un transfert***. Surgit sur le mode, ajouterons-nous ici, de la formule lacanienne du désir : « *le désir du sujet est le désir de l'Autre* ».
La définition générale du transfert issue de Freud et reformulée par Lacan – le transfert, c'est ce qui se met en place chaque fois qu'un sujet s'adresse par la parole authentiquement à l'Autre (ce qui entraîne une constante ré-inscription du sujet) – va ici se préciser.

A la question : d'où vient ce fichu transfert ? La réponse va être : il vient du *désir de l'analyste* ! De tel ou tel analyste qui vient à occuper la vacante place du *désir de l'Autre*. C'est là la ré-introduction d'un désir, la ré-injection du désir dans la machinerie du sujet-l'Autre, qui permet la réalisation, l'effectuation d'un *transfert* (en terme latin), c'est-à-dire aussi d'une *métaphore* (en terme grec), transfert, métaphore...de l'amour. C'est-à-dire, en fait, d'un changement, ou plutôt d'une substitution de places. L'analysant, de vouloir être aimé, et s'épuisant dans le monde à cette tâche, va se voir devenir *aimant,* mais *éraste* de qui ? Eh bien ... de son analyste, bien sûr ! En principe pour un temps, celui de son analyse. En principe !

Chose curieuse, qui ne laisse pas d'étonner, pour que se réalise ceci, il faut que l'un et l'autre, l'analyste et l'analysé, ne sachent pas pourquoi. Pourquoi quoi ? D'une part, l'analysant ne sait pas en quoi il est l'*aimé* de l'analyste, et d'autre part, l'analyste ne sait pas en quoi il devient l'*aimé* de l'analysant.

Analysant et analyste recèlent un *objet a* pour l'autre..., mais lequel ? Quelque chose se passe dans la *rencontre*, dans *la présence*, qui fait dire ici qu'il n'y a pas pure répétition, mais qu'il se produit un *agieren,* nouvellement apparu, il y a *innovation*, le passé refoulé n'est pas seulement symbolisé, il y a réellement du neuf.

C'est Socrate qui a d'abord *désiraimé* Alcibiade, ne l'oublions pas, ce « naïf et plaisantin » (Alcibiade, 216e). Alcibiade fut même son premier *désiraimé,* son premier *éromène.* Mais Alcibiade ne sait pas pourquoi, et, bien sûr, il cherche à le savoir. Que me veux-tu Socrate ? Que me veux-tu ? C'est le *Che vuoi ?* dont se sert Lacan et qu'il place sur son *Graphe du désir.* Que veux-tu de moi ? Si Alcibiade pose et se pose ces questions, c'est…pour savoir…ce qu'il est pour Socrate. L'*éromène*, celui qui se veut ou se croit ou se pense à cette place, ne sait pas ce que l'Autre lui veut dans son désir. C'est bien entendu la position du névrosé, par excellence. Lacan cite le vers de Victor Hugo, extrait de *Booz endormi :*

Booz ne savait pas qu'une femme était là,
Ruth ne savait pas ce que Dieu voulait d'elle.

Il est cependant nécessaire d'aller chercher dans cet autre dialogue platonicien le *Phèdre*, pour y trouver comme déjà décrit le transfert en tant que substitution de places. Nous y trouvons le *regard*, la vision par l'*aimé* de son *aimant* y est prépondérante : *Phèdre* (251b),

Une fois reçu par la voie des yeux l'émanation[260] *de la beauté, l'initié s'échauffe.*

Phèdre (255d) :

Pareil au souffle ou au son que des surfaces lisses et résistantes font rebondir et renvoient en sens inverse à son point de départ,

---

[260] *Emanation.* Il s'agit d'un courant, un flux Ηιμεροσ, *himéros,* mot déjà présent dans Sophocle pour qualifier le désir d'Antigone : Ηιμεροσ ἐναργέσ, *himéros énargès,* la brillance, l'éclat du désir, qui émane de l'héroïne et dont le chœur témoigne.

ainsi le courant[261] *qui est venu de la beauté chemine en sens inverse par la voie des yeux vers le bel objet.*

Ainsi,

à son tour, l'âme de l'éromène est pleine d'amour ! Le voilà qui aime mais quoi ? Il en est bien en peine : il ne sait même pas ce qu'il éprouve, il ne peut pas davantage en rendre compte. C'est comme s'il avait d'un autre attrapé une ophtalmie ; il n'est pas à même de rien alléguer ce qui l'explique ; il ne sait pas que dans son éraste, comme dans un miroir, c'est lui-même qu'il voit.

Dans *Le Banquet,* la confession publique d'Alcibiade reprend ce point. Allons au fait. Il a invité Socrate pour le séduire au cours d'un dîner privé ; il espère à cette occasion qu'il s'en suivra naturellement de passer la nuit ensemble. Il pense qu'ayant séduit Socrate par sa jeunesse et sa beauté, celui-ci lui donnera des *signes* de son amour (Lacan, après Platon, nous dit crûment quels sont ces signes : « bander pour lui »).

Mais voilà…Socrate ne répond pas. Plus exactement, il ne répond…ni oui, ni non sur l'amour. Pour faire fonction d'« analyste », de précurseur de l'analyste, Socrate ne doit pas répondre avec ces signes, sinon c'est « foutu », Alcibiade restera à tout jamais (?) *l'aimé*, il ne pourra devenir *a(i)mant.* Dans ce cas, le transfert, la métaphore, la substitution des places sont ratés.

Quel est le désir de Socrate ? Il veut faire émerger, surgir en Alcibiade, le *désir*. Qu'il soit désirable, Alcibiade, qui en doute ? Certainement pas Socrate lui-même. Qu'il soit *désirant*, cela est moins évident jusqu'à présent. Mais *désirant*, qu'est-ce à dire ? – Que du *manque* soit en lui !

Ainsi, par sa confession publique, Alcibiade racontant la scène s'expose. Il dit sa passion pour Socrate. Il l'avoue même

---

[261] Ηιμεροσ, *himéros*

sans pudeur. Il se jette à l'eau. Il accomplit la métaphore de l'amour en constituant son *éromène*, Socrate, c'est-à-dire celui qui recèle l'objet de *son désir*. Mieux, *l'objet qui cause son désir*. Car son dire fait exister l'objet de son fantasme, lieu d'où se cause son désir. C'est précisément *l'éloge* même qui produit l'objet, il s'agit bien d'une production que cet αγαλμα, *agalma*, terme utilisé dans Platon, le plus souvent au pluriel : les *agalmata*. A partir de cet instant, Alcibiade ne demande plus des signes de l'amour, il dit, au-delà de son narcissisme incomblé, le désir causé par *l'agalma* que recèle pour lui Socrate en cette boîte assez rustique qui lui sert de corps. Nous sommes ici au-delà de *l'image* qui habille Socrate. C'est très exactement cet au-delà qui fait tenir l'image de Socrate ; et c'est, très précisément, ce que Lacan appelle *l'objet a* (« objet petit *a* ») !

Le transfert, à cette enseigne du *Banquet,* est donc dans l'analyse aussi une substitution de places : le névrosé qui ne cesse de vouloir être, enfin, *l'aimé,* c'est-à-dire ce qu'il a toujours cherché à être pour l'Autre au prix constamment payé de la déception et de l'échec rencontrés tout au long de sa vie, va se voir progressivement, ou brusquement parfois, devenir *désiraimant,* à condition que l'analyste ne réponde pas à sa demande… d'amour ! Ou plus exactement, en suivant Socrate, en ne lui montrant aucun signe probant, car c'est, encore plus qu'un toujours énigmatique amour, des signes de celui-ci que veut obtenir, que réclame à corps et à cris, ledit névrosé,… pour s'en repaître et se figer dans cette place passive d'éromène, d'aimé.

Cependant, Socrate va répondre à l'éloge d'Alcibiade. Lacan commente sa réponse dans la séance du 8 février 1961. Que dit Socrate à Alcibiade ?

Ουδεν όν, *ouden ôn, rien [je] étant*[262].

Nous sommes ici, à notre sens, à l'acmé du concept de transfert en psychanalyse, mais seulement au mitan de son histoire.

Changement de ton désormais, changement de rythme…

[262] Cf. *Littoral,* n°13, juin 1984, *Traduction de Freud, transcription de Lacan,* où il est proposé par Danielle Arnoux, dans son article *Sur la transcription,* pp. 81-82, l'établissement critique suivant : *Mais,* dit Socrate, *détrompe-toi, examine les choses avec plus de soin de façon à ce que je ne te trompe pas, ce [je] n'étant* – à proprement parler – *rien.* On notera encore la traduction Budé : *Eh bien ! Examine les choses..., avec plus de soin, de peur de te méprendre sur moi et sur mon néant réel.* Et encore celle de Mario Meunier : *Mais..., réfléchis avec plus d'attention pour que tu ne puisses point te méprendre sur le rien que je vaux.*

Poursuivons, ici, encore un peu l'*ouden ôn*, sous la forme d'une *cauda*, à partir de cette phrase de Lacan, de celles qu'il prononce dans son Séminaire de 1973-1974 : « *Les Non-dupes...errent* », à propos du livre de Michel Neyraut sur le transfert :

Quelqu'un a fait ma foi, un fort joli petit bouquin sur le transfert. C'est le nommé Michel Neyraut, à qui j'ai dit que, commencer comme il le fait par ce qu'il appelle le « contre-transfert », si par là il veut dire en quoi la vérité touche l'analyste lui-même, il est sûrement dans la bonne voie, puisqu'après tout, c'est là que le vrai prend son importance primaire et que, comme je l'ai fait remarquer depuis longtemps, il n'y a qu'un transfert, c'est celui de l'analyste, puisqu'après tout c'est lui qui est le sujet supposé au savoir. Il devrait bien savoir à quoi s'en tenir là-dessus : sur son rapport au savoir, jusqu'où il est régi par la structure inconsciente qui l'en sépare, de ce savoir, qui l'en sépare bien qu'en sachant un bout, et je le souligne, autant par l'épreuve qu'il en a faite dans sa propre analyse que par ce que mon dire peut lui en porter.
Est-ce à dire, est-ce à dire que le transfert, ce soit l'entrée de la vérité ? C'est l'entrée de quelque chose qui est la vérité, mais la vérité dont justement le transfert est la découverte, la vérité de l'amour[263].

Je ne sais pas si vous avez bien entendu, « il n'y a qu'un transfert - dit Lacan, à cet endroit – c'est celui de l'analyste ». S'il n'y a qu'un transfert, et si ce transfert, c'est celui de l'analyste, ce n'est donc pas celui de l'analysant. Ce que, pourtant, Freud a cru pendant longtemps, appelant « contre-transfert » la réaction transférentielle, seconde donc, de l'analyste au transfert de l'analysant. En conséquence de quoi, si c'est un tant soit peu celui de l'analysant, ce n'est que celui dans lequel il se trouve pris. Comme piégé.

---

263 Jacques Lacan, Séminaire XXI, *Les non-dupes...errent*, 1973-1974, inédit, séance du 19 mars 1974, texte établi par l'ELP, pp. 119-120.

Lacan avait énoncé, au moment de la première séance de son séminaire *Le Transfert*, qu'il n'y avait pas de « contre-transfert », parce qu'il n'y avait pas d'intersubjectivité possible, le sujet humain est seul, irrémédiablement seul, avec son fantasme. Il est ainsi coupé de l'autre : pas d'*inter* entre ces deux subjectivités-là.

Ici, il fait plus fort : un transfert…oui ! Mais un seul : celui de l'analyste. C'est très fort, parce que l'analyste, on peut toujours se dire qu'il en sait un bout. Qu'il en sait un bout sur la question. Et, qui plus est, sur la question, précisément, du transfert ! S'il en sait un bout, il pourrait faire attention. Il est averti. Eh bien non ! Cette affaire de la psychanalyse, ça ne peut démarrer, semble nous dire Lacan, que si, lui, l'analyste… se met, le premier (le seul ?) à transférer.

Je l'entends comme cela. Il y a le transfert. Il n'y en a qu'un seul, celui de l'analyste. Parce qu'averti et que transférant quand même, ce transfert doit être bien particulier. Ce n'est pas celui de l'analysant, qui en est un autre, Autre assurément ! Un autre, plus, bien sûr, d'emblée situé dans la dimension de l'Imaginaire. Un transfert freudien, en quelque sorte.

Celui de l'analyste, il est situé très vite, s'il tient, s'il le tient, dans le Réel. Lacan ne supportait pas, ou mal, que ses analysants-analysés le quittent. Il devenait « pute » ou féroce. Parfois, témoignages de ses élèves, les deux en même temps : « pute » <u>et</u> féroce. Il essayait de les rattraper par la manche en leur téléphonant à 6 heures du matin. Lui, Lacan, ne dormait plus depuis longtemps, à 6 heures du matin ! Il les réveillait pour les congédier lui-même, s'il n'arrivait pas à les retenir.

Je dirais que le psychanalyste, lacanien qui plus est, c'est quelqu'un qui, comme Sygne de Coûfontaine, dit « non »,… mais trop tard. C'est sa *Versagung* à lui. Ça se passe au moment où il meurt, où il en meurt. Comme Sygne.

Le psychanalyste, c'est quelqu'un qui meurt au champ du transfert ! A chaque fois, à chaque cas, il meurt ! Et il meurt plus pour certains cas. Un de temps en temps. Mais là, alors, il se suicide, voire il se saborde. Là, il a tort. Il devrait quand même savoir que ça ne sert à rien de se saborder. Mourir, discrètement, le plus discrètement possible, ça suffit. Ça lui fait les pieds. Jamais assez, parce qu'il recommence…

Notons pour finir, que c'est pour le phallus symbolique qu'il appelle Φ, chez l'obsessionnel, que Lacan parlera de la « **présence réelle** ».

Ainsi ce phallus, comme signe du désir, se manifeste aussi comme objet du désir, c'est-à-dire objet d'attrait pour le désir. C'est aussi là qu'il y puise son ressort en tant que fonction signifiante et qu'il y opère comme signifiant.
Il faut aussi, il faut enfin, y repérer ce qu'il désigne :

Ce qu'il désigne n'est rien qui soit signifiable directement. C'est ce qui est au-delà de toute signification possible, et, nommément, la ***présence réelle****, sur laquelle j'ai voulu aujourd'hui attirer vos pensées, pour en faire la suite de notre articulation*[264].

« Coûfontaine adsum », disons Coûfontaine nous (me)voilà….

---

[264] *Idem, ibid.*, pp. 311-312.

CHAPITRE VII

LA TRILOGIE CLAUDELIENNE DES COÛFONTAINE

L'OTAGE

Considérons maintenant la Trilogie claudélienne des Coûfontaine, de Paul Claudel, donc, et qui s'égrène ainsi : L'Otage. Le pain dur. Le père humilié, trois romans qui se suivent… dont les personnages : Sygne de Coûfontaine, Toussaint Turelure, son époux, Louis de Coûfontaine, leur fils, la polonaise Lûmir, maîtresse un temps de Louis, Sichel, maîtresse de Turelure, puis épouse de Louis – ça va du père au fils –, le Pape, rien de moins, puis, enfin, Pensée de Coûfontaine, la fille de Louis et Sichel, et les frères Orian et Orso, *and so on…*

Qu'est-ce que Lacan cherche à dire à ses élèves en cette séance du 03 mai 1961 de son Séminaire sur *Le transfert* ?

J'essaye cette année de replacer la question fondamentale qui nous est posée dans notre expérience par le transfert, en orientant votre pensée vers ce que doit être, pour répondre à ce phénomène, la position de l'analyste.
Je m'efforce en cette affaire de pointer au niveau le plus essentiel ce que doit être cette position devant l'appel de l'être, le plus profond, qui émerge au moment où le patient vient nous demander notre aide et notre secours. C'est ce que, pour être rigoureux, correct, non partial, pour être aussi ouvert qu'il est

indiqué par la nature de la question qui nous est posée, je formule en demandant ce que doit être le désir de l'analyste[265].

A partir de maintenant, je vous suppose, lecteur, avoir lu, un tant soit peu, l'Otage, le Pain dur, et le Père humilié de Paul Claudel, comme les séances à Claudel consacrées par Lacan dans son séminaire *Le transfert* des 03, 10, 17 et 24 mai 1961. En effet, je ne vais pas reprendre tous les développements de Lacan, mais ce qui nous importe ici.

Vous savez qu'il s'agit de l'enchaînement de trois pièces que l'on joue au théâtre et qui mettent en jeu les valeurs de la foi. Commençons par l'Otage. Il s'agit d'une assez ténébreuse histoire qui se passe au temps le plus glorieux de Napoléon Ier. L'Empereur exerce une contrainte sur la personne du Pape.

Le personnage central est Sygne de Coûfontaine. Sa famille a été dépossédée de ses biens et de ses privilèges quelques années auparavant par la Révolution française. Alors que son cousin a émigré, elle, Sygne est restée en France et se voue aujourd'hui, corps et âme, à la patiente tâche nobiliaire de remembrer le vaste domaine des Coûfontaine. C'est un véritable lien mystique qu'elle entretient avec cette noble terre familiale. Sygne est toute entière baignée dans l'ordre d'allégeance issu de l'ordre féodal où puise l'histoire des Coûfontaine, et qui est celui du lien de la parenté, lequel se noue localement et détermine ainsi le droit à la naissance, qui est seigneur, qui est vassal, dans la clientèle de qui on se retrouve, etc.

Mais, condensons, résumons, arrivons aux faits…

L'émigré cousin, absent jusque-là, et qui a tout perdu, femme – qui le trompait avec le Dauphin – et enfants, – tous décédés –, va réapparaître aux yeux de Sygne. Il fait son « come back » ! Mais, voilà, il est accompagné, incognito, tout simplement, par le Pape, c'est-à-dire la figure catholique du « Père suprême », le représentant sur la terre du Père céleste.

---

[265] Jacques Lacan, Le séminaire VIII, *Le transfert*, séance du 03 mai 1961, Seuil, Paris, 2001, p. 315.

Rien de moins. C'est autour de son personnage que tout le drame va, non seulement, se nouer, mais se jouer.

Le cousin de Sygne a contribué à faire évader le Pape de là où le retenait l'Empereur et son pouvoir physique de contrainte. Il l'a maintenant sur les bras, puiqu'il l'a soustrait au pouvoir de cet oppresseur d'Empereur. Il faut qu'il en fasse quelque chose…Par ailleurs, on apprend que Sygne et son cousin se sont engagés l'un à l'autre, et ce, devant Dieu. Ils se sont comme voués l'un à l'autre. Et l'on comprend fort bien, très vite, que cet engagement est impossible, en tout cas irréalisable.

Le troisième personnage, c'est Toussaint Turelure. C'est ici le personnage qui va dominer l'ensemble de la trilogie.

Moche, vilain, méchant, vieux, cynique, laid, boiteux, tordu, hideux, et surtout, tourmenteur de Sygne. Il lui dit en substance que, puisqu'il la désire et l'aime – soi-disant –, il veut l'épouser, elle doit être à lui et que, si elle ne cède pas à sa demande, eh bien…, le Pape dont il sait qu'il est réfugié et protégé en sa maison, eh bien, le Pape, il en fera son affaire… Couic ! C'est quand même aussi un drôle de type : il a fait raccourcir tous les membres de la famille de Sygne à la belle époque du docteur Guillotin, en 93. Il doit faire avaler à Sygne aussi cette couleuvre supplémentaire. Enfin, son père était sorcier et sa mère fut la nourrice et la servante de Sygne…Il lui demande donc d'épouser le fils de sa servante et du sorcier…

Alors, Sygne de Coûfontaine va céder. Elle va céder à quoi ?

Comme le dit Lacan :

Quel est le ressort, la scène majeure, le centre accentué, du drame ?
Le véhicule de la requête à quoi va céder Sygne de Coûfontaine n'est pas l'horrible personnage – et vous allez le voir, pas seulement horrible, mais capital pour toute la suite de la trilogie – qu'est Toussaint Turelure, c'est le confesseur de Sygne, à savoir une sorte de saint, le curé Badilon[266].

---

[266] *Idem, ibid.*, p. 325.

Le curé Badilon va demander à Sygne de ne pas refuser ce que Turelure lui propose, parce que ce faisant, elle va sauver, rien de moins, que le Pape. En fait, il lui demande, non seulement *un* sacrifice, mais plus, *son* sacrifice ! Sinon le Pape sera livré à ses ennemis par le joyeux Turelure.

Lacan nous fait remarquer que Sygne :

[...] doit renoncer en elle-même à quelque chose qui va plus loin que tout attrait, que tout plaisir possible, que tout devoir même... Elle doit renoncer à ce qui est son être même – au pacte qui la lie depuis toujours à sa fidélité à sa propre famille, puisqu'il s'agit d'épouser l'exterminateur de cette famille – à l'engagement sacré qu'elle vient de prendre à l'endroit de celui qu'elle aime. C'est là quelque chose qui la porte, non pas aux limites de la vie, car nous savons que c'est une femme qui en ferait volontiers sacrifice, comme elle l'a montré dans son passé, mais au sacrifice de ce qui, pour elle, comme pour tout être, vaut plus que la vie – non pas seulement ses raisons de vivre, mais ce en quoi elle reconnaît son être même[267].

c'est contre sa volonté, - insiste Lacan - *c'est-à-dire contre tout ce qui la détermine, non pas dans la vie, mais dans son être que, par un acte de liberté, [Sygne] va contre tout ce qui tient à son être jusque dans ses plus intimes racines*[268].

Et Sygne a donc cédé au mariage. A ce mariage des plus exécrables qui comporte l'adhésion, bien sûr à ce qui s'appelle le devoir du mariage, le devoir d'amour. La vie, ce qu'on nomme habituellement la vie, est laissée loin derrière comme nous l'indique Lacan. Sygne, *nolens volens*, est devenue la baronne Turelure. Elle s'est même laissé faire un petit Turelure.

Dans Paris investi, le baron Toussaint Turelure, trahissant l'Empereur, servant la Restauration, doit remettre les clés de la

---

[267] *Ibid.*, p. 326.
[268] *Ibid.*, p. 327.

ville au roi Louis XVIII. L'ambassadeur de cette tractation n'est autre que le cousin de Sygne. Turelure impose comme condition humiliante audit cousin, entre autres, que le nom de Coûfontaine passe à sa propre descendance.

Mais tout cela bouclé, l'affaire va se terminer par un attentat au pistolet. Le cousin qui a tout accepté, veut faire son affaire à Turelure. Néanmoins le rusé malin Turelure a aussi prévu le coup. Il a son propre pistolet dans sa poche. Pan ! Pan !

Lacan dit à cet endroit :

Le temps que la pendule sonne trois coups, les deux revolvers sont partis, et ce n'est naturellement pas le méchant qui reste sur le carreau. L'essentiel est que Sygne de Coûfontaine se porte au-devant de la balle qui va atteindre son mari, et que de lui avoir évité la mort, elle va mourir dans les instants qui vont suivre.
Suicide, dirons-nous, et non sans justesse, puisque aussi bien, tout dans son attitude nous montre qu'elle a bu le calice sans rien y rencontrer d'autre que ce qu'il est, la déréliction absolue, l'abandon même, éprouvé, des puissances divines, la délibération de pousser jusqu'à son terme ce qui à ce degré ne mérite plus qu'à peine le nom de sacrifice.
Bref, dans la dernière scène, avant le geste où elle recueille la mort, Sygne nous est présentée comme agitée d'un tic du visage, signant ainsi en quelque sorte le dessein du poète de nous montrer que se trouve ici dépassé ce terme que je vous désignais l'année dernière comme respecté par Sade lui-même - la beauté insensible aux outrages.
Sans doute cette grimace de la vie qui souffre est-elle plus attentatoire au statut de la beauté que la grimace de la mort et de la langue tirée que nous pouvons évoquer sur la figure d'Antigone pendue quand Créon la découvre[269].

Et l'on arrive ainsi à la fin de l'Otage. En fait, il y a deux fins envisagées par le poète.

---

[269] *Ibid.*, pp. 328-329.

La première, c'est l'entrée littéralement bouffonne du roi. Turelure récompensé. L'Ancien Régime rétabli. Ridicule restauration de l'ordre.

Mais il y a une seconde fin. C'est celle qui nous intéresse ici. La mort de Sygne y prend une autre figure.

Juste avant l'apparition du roi, Lacan nous dit :

[...] Badilon reparaît pour exhorter Sygne, et ne peut jusqu'à son terme obtenir d'elle qu'un non, un refus absolu de la paix, de l'abandon, de l'offrande de soi-même à Dieu qui va recueillir son âme. Toutes les exhortations du saint, lui-même déchiré par l'ultime conséquence de ce dont il a été l'ouvrier, échouent devant une négation dernière. Sygne ne peut trouver, par aucun biais, quoi que ce soit qui la réconcilie avec une fatalité dont je vous prie de remarquer qu'elle dépasse tout ce que l'on peut trouver dans la tragédie antique[270].

Puis il va préciser :

Ici nous sommes au-delà de tout sens. Le sacrifice de Sygne de Coûfontaine n'aboutit qu'à la dérision absolue de ses fins. Le vieillard qu'il s'est agi de dérober aux griffes de Turelure nous sera représenté jusqu'à la fin de la trilogie, tout Père suprême des fidèles qu'il est, comme un Père impuissant, qui, en regard des idéaux qui montent, n'a rien à leur offrir que la vaine répétition de mots traditionnels, mais sans force. La légitimité soi-disant restaurée n'est qu'un leurre, fiction, caricature, et, en réalité, prolongation de l'ordre subverti[271].

Alors, direz-vous, qu'est-ce que le poète Claudel, *in fine*, ajoute dans sa seconde fin ? Lacan le dit ainsi :

Ce que le poète y ajoute dans sa seconde fin, c'est sa trouvaille où se recroise son défi, de faire exhorter Sygne de Coûfontaine

---

[270] *Ibid.*, p. 329.
[271] *Ibid.*, pp. 329-330.

par Turelure, des mots mêmes de ses armes, de sa devise qui est pour elle la signification de sa vie - Coûfontaine adsum, Coûfontaine me voilà.
Devant sa femme incapable de parler, ou refusant de parler, il essaye au moins d'obtenir un signe, quel qu'il soit, ne serait-ce que le consentement à la venue du nouvel être, de reconnaissance du fait que le geste qu'elle a fait était pour le protéger, lui Turelure. A tout ceci, la martyre ne répond, jusqu'à ce qu'elle s'éteigne, que par un non[272].

Lacan va dire que Claudel, avec cette tragédie chrétienne, nous porte à l'extrême du défaut, à l'extrême de la dérision du signifiant lui-même. Il ne s'agit pas seulement de la mise en scène des conflits sentimentaux du XIXè siècle comme le théâtre les met si souvent en scène. Il s'agit d'autre chose ici.

Il y a quelque chose d'autre, dans cette scène de Sygne agonisant et disant non de la tête. Quelque chose de plus nous touche et nous retient, et les termes nous manquent. Il s'agit d'un *dit-que-non*, un refus, c'est la *Versagung* de Sygne. Elle se refuse à l'ordre symbolique accepté auparavant. Elle s'y soustrait, dans le réel. Elle choisit de manquer à l'Autre par un manque réel, en ne donnant pas sa mort – « *Une trop bonne chose pour que je la lui eusse laissée* » (première version de la fin : acte III, scène IV)[273] (elle qui avait jusque là tout donné !). Et si Lacan rappelle l'étude qu'il a faite de l'Antigone sophocléenne l'année passée dans son séminaire sur L'*éthique de la psychanalyse*, où le héros, l'héroïne tragique qui subit la fonction du Dieu méchant (Dieu méchant, c'est Paul Ricoeur qui parle comme cela à propos de l'Antigone de Sophocle, lequel dieu méchant est quand même, dans la tragédie antique, quelque chose qui a un dernier lien à l'homme par ce que l'on nomme dans la Grèce antique l'*Atè*, la destinée. L'*Atè* de l'une, si l'on peut dire ainsi, l'*Atè* d'Antigone, se relie encore à l'*Atè* de l'autre, Créon) c'est que cette dernière, Antigone, reste

[272] *Ibid.*, p. 330.
[273] Deuxième version: "La mort était une chose trop bonne pour me la laisser", dit Turelure…

malgré tout redevable des coordonnées des termes d'Aristote lorsque celui-ci livre cette formule - en grec ancien, mais je vous l'épargne -, restée célèbre à travers les siècles d'une culture encore nôtre : « *à travers toute terreur et toute pitié franchies* ».

Ici, donc, ce qui nous touche et nous retient, et va nous projeter à travers les deux autres volumes de la trilogie, et ce, jusqu'à la fin, c'est autre chose, bien autre chose dans ce qui nous est présenté. Et cela nous met plus loin encore que la tragédie antique. Lacan dit alors :

C'est l'image d'un désir auprès de quoi seule, semble-t-il, vaut encore la référence sadienne.
La substitution de l'image de la femme au signe de la croix chrétienne, ne vous semble-t-il pas qu'elle est là non seulement désignée, mais expressément située dans le texte ? L'image du crucifix est à l'horizon depuis le début de la pièce, et nous la retrouverons dans la pièce suivante, mais encore, n'êtes-vous pas frappés de ceci ? - la coïncidence de ce thème, en tant que proprement érotique, avec ce qui est ici nommément - et sans qu'il y ait un autre fil, un autre point de repère, qui nous permette de transfixer toute l'intrigue, le scénario – le thème du dépassement, de la trouée faite au-delà de toute valeur de la foi. Cette pièce, en apparence de croyant, et dont les croyants, et des plus éminents, Bernanos lui-même, se détournent comme d'un blasphème, n'est-elle pas pour nous l'indice d'un sens nouveau donné au tragique humain[274] *?*

Ainsi, comme vous l'aurez compris, cette trilogie, et avant tout la première des trois pièces, L'Otage, traite de la question du Père et du Père au nom de qui l'on demande d'obéir, d'obtempérer, de se sacrifier et de pardonner par dessus le marché. Pardonner ses faiblesses, ses « conneries », ses idées plus ou moins loufoques, son jeu politique en vue de sa jouissance personnelle, bref, tout un tas de petites ou de grandes

---

[274] *Ibid.*, p. 331.

« saloperies » qui font l'histoire, aussi bien d'une famille, que celle d'une nation.

Voilà, à la séance suivante du 10 mai 1961, Lacan nous reprendra, d'ailleurs, l'histoire générale du Père.

Père antique. Père divin. Père mort. Père damné. Père humilié ?

La figure même du père antique, pour autant que nous l'avons appelée dans notre imagerie, est une figure de roi. La figure du père divin à travers les textes bibliques pose la question de toute une recherche. A partir de quand le Dieu des juifs devient-il un père ? A partir de quand, dans l'histoire ? A partir de quand, dans l'élaboration prophétique ? Toutes ces choses remuent des questions thématiques, historiques, exégétiques, si profondes que ce n'est même pas les poser que de les évoquer ainsi. C'est simplement faire remarquer qu'il faut bien qu'à quelque moment la thématique du père, le qu'est-ce qu'un père ? *de Freud, se soit singulièrement rétrécie pour qu'elle ait pris pour nous la forme obscure du nœud, non seulement mortel, mais meurtrier, sous lequel elle est fixée pour nous dans la forme du complexe d'Œdipe*[275].

Au niveau d'Œdipe, le père est tué sans même que le héros le sache ; Il ne savait pas, non seulement que ce fût par lui que le père fût mort, mais même qu'il le fût. Le drame de la tragédie implique pourtant qu'il l'est déjà.
Au niveau d'Hamlet, le père est damné. Qu'est-ce que cela peut vouloir dire au-delà du fantasme de la damnation éternelle ? Cette damnation n'est-elle pas liée à l'émergence de ceci, que le père commence ici de savoir ? Assurément, il ne sait pas tout le ressort, mais il en sait plus qu'on ne croit. Il sait en tout cas qui l'a tué, et comment il est mort [...] [276].

---

[275] *Ibid.*, p. 336.
[276] *Ibid.*, séance du 10 mai 1961, p. 335.

Nous verrons en quoi, dans la tragédie claudélienne, il ne s'agit que du père et, à la limite, rien que de cela. Souvenons-nous que la troisième partie de la trilogie s'appelle *Le Père humilié.*

Nous passerons, bien sûr par *Le Pain dur*, avant de rejoindre *Le Père humilié.* Mais retenons que c'est tout l'ensemble de la trilogie des Coûfontaine qui est traversée par cette problématique, qui, ce père, en tant qu'humilié, et prenant la suite historique des pères, mort, puis damné, vient à se faire moderne, contemporain, dans cet état d'humiliation. En somme de rabaissement.

CHAPITRE VIII

LA TRILOGIE CLAUDELIENNE DES COÛFONTAINE

LE PAIN DUR et LE PÈRE HUMILIÉ

Le tableau de départ est le suivant :

Sichel, la fine mouche maîtresse du sinistre Toussaint Turelure est l'objet d'un désir tyrannique et ambigu de la part du vieillard. En fait, ancienne pianiste – ce qui l'a séduit, lui, en son temps – elle est en position d'être réduite à l'état de véritable esclave de l'abominable. Elle ne touche plus à son piano.

Lumîr, la révolutionnaire maîtresse polonaise de Louis de Coûfontaine, le fils de Toussaint et de la défunte Sygne. Elle vient reconquérir, récupérer une grosse somme qu'elle a aliénée, dont elle se sent responsable, et qu'elle veut restituer aux émigrés, martyrs polonais, à une époque où la Pologne est divisée. Elle l'a prêtée à Louis de Coûfontaine, aujourd'hui insolvable après son aventure à travers un épisode algérien. Elle vient donc la réclamer à son père. Elle est prête à tout pour cela. Surtout qu'à cette somme de dix mille francs de l'époque s'ajoute une autre somme qui lui est aussi due par Louis, de dix mille autres francs. En tout vingt mille francs, ce qui n'est pas rien. Et quand on dit d'une femme qu'elle est prête à tout,... tout le monde sait ce que cela veut dire. L'avare Turelure aussi. Et qu'elle soit la maîtresse de son fils n'est nullement de nature, lui, à le retenir.

Il y a Louis de Coûfontaine, qui déboule ici, rameuté par une lettre de Sichel. Il sera instrumentalisé par les deux redoutables femmes.

Il y a, enfin, le vieil Ali Habenichts, (*haben nichst = qui n'a rien*) compagnon d'usure de Turelure, le père de Sichel, avec lequel Toussaint rachète, pièce par pièce, et à bas prix, toutes les terres des Coûfontaine. Contre son fils, lequel n'a de cesse de vouloir, cependant, lui ressembler, et de vouloir être, comme il le lui demande de le reconnaître, « un vrai Turelure ». Lui, Turelure, ne voit en Louis de Coûfontaine, freudiennement parlant, qu'un rival.

Ainsi vingt ans et un peu plus se sont passés.

L'Algérie est devenue quelque chose qui préoccupe les Français colonialistes, allant trouver là-bas, ce qu'ils ne peuvent résoudre ici. Une certaine expansion de leur pouvoir, de leur puissance, de leur fortune.

De quoi s'agit-il ici ?

A travers le dialogue de ces deux femmes, c'est évident : comment avoir la peau du vieux ?! Sur fond de conflit d'argent et de rivalité affective.

Elles l'auront.

Lumîr, par la manœuvre de l'injure, dresse Louis contre son père. N'oublions pas que c'est Sichel qui, bonne âme d'esclave qui veut la mort du maître (Sichel est sans doute ici une bonne hégelienne), lui a soufflé la géniale idée, celle d'en finir avec cette ordure de Toussaint. Elle, Lumîr, lui manipule son amour-propre, et sa « virilité narcissique » comme dit Lacan. Elle lui dévoile de quelles propositions elle fait l'objet de la part de son père, Toussaint. Elle lui montre aussi comment, par les tractations de l'usure, son père est en train de le dépouiller en lui rachetant à bas prix tous ses biens, et *de facto*, combien ce père le pousse subrepticement à la faillite, pure et simple.

Comment, en résumé il lui prend et sa terre et sa femme, d'un même mouvement.

Lumîr a alors gain de cause. Elle arme la main parricide de Louis de deux pistolets. Un petit et un grand. Elle lui explique que Toussaint mourra immédiatement de trouille, certainement, rien qu'à entendre le bruit que fera le petit pistolet, non chargé, ou plutôt chargé à blanc. Mais, que si cela ne suffit pas, le grand pistolet, lui, est chargé…

En fait, Turelure, s'en va, *ad patres*, rejoindre ses pères, du simple bruit ambiant il meurt de peur, si l'on peut dire, sans qu'aucun coup de pistolet ne fusse tiré. Qui plus est, Louis s'apercevra, malgré tout, de la charmante personne qu'est Lumîr, puisqu'il vérifiera qu'en fait,…les deux pistolets étaient, tous les deux, bel et bien, chargés ! Mais, il n'est pas un ange non plus, puisque lui avait décidé de faire partir ensemble les deux pistolets…

Qu'est-ce qui intéresse Lacan dans tout cela ?

Ce qui l'intéresse, c'est la question du père dans la problématique du transfert qui reste le thème de son étude cette année-là.

Lacan nous explique ce que le père moderne est devenu. C'est un père, ici, qui est bafoué. Ou, plus précisément, c'est un père *joué*. Un père qui est joué dans le sens d'être joué, bien au-delà du sens du leurre ou de la dérision. C'est un père qui est joué aux dés comme un élément passif dans toute cette partie qui se joue au niveau du dialogue de départ entre ces deux femmes, Sichel et Lumîr.

Et qui aboutit à son meurtre : « *le vieux s'arrête les yeux exorbités, la mâchoire avalée. Nous avons parlé la dernière fois de quelque grimace de la vie, ici la grimace de la mort n'est pas élégante. Et ma foi, l'affaire est faite*[277] ».

Lacan parle de « *démolition du guignol de père, massacré dans le genre bouffon*[278] ».

Ce qui ne va pas sans étonnement, en ce qui concerne Lumîr. Lorsque Louis s'est aperçu que les deux pistolets avaient été chargés par elle, il ne peut découvrir sur son visage qu'un sourire…

Quelle est la nature du désir qui anime l'enigmatique Lumîr ?

Lumîr, au-delà qu'elle puisse être la maîtresse de Louis, au-delà de son amour pour son amant, quelque chose de plus fort semble l'animer. Elle se pense destinée à une cause. Et destinée, par-là même au sacrifice de cette cause. Elle finira par être arrêtée, prise et pendue. Elle veut fasciner et y entraîner son amant. Elle refuse de repartir avec lui en Algérie. Ils se refusent l'un l'autre à se suivre. Tout est consommé entre eux.

Elle l'aime, mais sa passion pour son amant Louis de Coûfontaine, ira jusqu'à ce qu'elle veuille pour lui une fin tragique, telle que celle de le pousser vers l'échafaud. Thématique d'un amour lié à la mort – plus fréquent qu'on ne le pense habituellement dans les chaumières –, thématique de l'amant sacrifié à et dans une cause dite supérieure. Un désir, un amour poussés à l'incandescence, *off limits*, qui ne peut viser rien d'autre qu'à se consumer dans un instant extrême, dans un horizon où l'amour et la mort viennent à se confondre dans une fusion extatique, s'il en fût.

Louis, quant à lui, entre en quelque sorte dans son héritage par le parricide. C'est un moyen comme un autre, me direz-vous, mais c'est un moyen inhabituel, quand même ; cela aura des conséquences.

---

[277] *Ibid.*, pp. 344-345.
[278] *Ibid.*, p. 345.

Et lui qui voulait être un « vrai Turelure », souvenons-nous, va le devenir. Il refuse de suivre Lumîr dans son aventure, qui va la mener où vous savez, la pendaison. Lui devient sinon Turelure, son père, à tout le moins, un autre Turelure, c'est-à-dire un personnage sinistre. Il devient, en tout cas, ambassadeur. Et c'est parce qu'il refuse de suivre Lumîr... qu'il épouse Sichel, la maîtresse de son père. Jolie famille n'est-ce pas ? Comme tant d'autres, rassurons-nous !

Lacan y voit s'opérer « *une sorte de reprise, cette transmutation qui le conduit, non pas seulement à faire les poches et à chausser les bottes du mort, mais aussi à entrer dans le même lit que lui. Il s'agit de sombres histoires de reconnaissance de dettes, de tout un traficotage, de toute une assurance que le père, toujours malin, avait pris avant sa mort pour faire que ceux qui se lieraient à lui, et nommément si c'était Lumîr, n'aient pas trop d'intérêt à sa disparition. Il avait arrangé les choses de façon à ce que son bien soit inscrit au livre des dettes de son associé obscur, Ali Abennichts, et paraisse lui être dû. C'est dans la mesure où Sichel rend à Louis de Coûfontaine cette créance, qu'elle s'acquiert auprès de lui un titre véritablement abnégant. Il* abnègue, comme disait Paul Valéry, *son titre, en ce qu'il l'épouse, et c'est là-dessus que se termine la pièce – l'engagement de Louis de Coûfontaine et de Sichel Habenichts, la fille du compagnon d'usure de son père*[279] ». Sichel révélant avoir toujours secrètement été animée d'un profond amour pour Louis.

Lacan, disions-nous plus haut, s'intéresse à tout ceci, pour une seule raison : la question du père moderne.

Le père, sa notion, c'est quelque chose qui a évolué. La notion moderne du père est en chute libre. Depuis la fin, justement, de l'aristocratie, depuis l'époque moderne, celle introduite par la Révolution française, celle introduite par la science moderne aussi, depuis que Galilée la pose et que les

[279] *Ibid.*, pp. 346-347.

fondements en sont ensuite établis par Descartes. Celle, enfin, introduite par la révolution industrielle, le décollage économique, la société capitaliste du libéralisme avancé. Tous ces ingrédients étant alors en place au beau milieu du XIXè siècle, c'est-à-dire, de là où va partir l'œuvre freudienne (Freud, Vienne 1856 - Londres 1939), de là aussi où démarre l'œuvre du poète Claudel : la deuxième moitié du XIXè siècle.

Cette image du père, qu'elle est-elle ? Et d'abord, pourquoi ce père ?

Qu'est-ce qui rend nécessaire que cette image soit sortie à l'horizon de l'humanité ? – si ce n'est sa consubstantialité avec la mise en valeur, la mise en œuvre, de la dimension du désir.
En d'autres termes, je vous désigne ceci que nous tendons à repousser de notre horizon toujours plus, voire, paradoxalement, à dénier de plus en plus dans notre expérience d'analyste – à savoir, la place du père. Et pourquoi ? Mais simplement parce qu'elle s'efface dans toute la mesure où nous perdons le sens et la direction du désir, où notre action auprès de ceux qui se confient à nous tendrait à lui passer, à ce désir, je ne sais quel doux licol, à lui glisser je ne sais quel soporifique, à faire usage de je ne sais quelle façon de suggérer qui le ramène au besoin. Et c'est bien pourquoi nous voyons toujours plus, et de plus en plus, au fond de cet Autre que nous évoquons chez nos patients, la mère[280].

Et Lacan de nous expliquer que cette mère, ici, aujourd'hui, nous l'appelons castratrice. Et si nous l'appelons castratrice, c'est, nous dit-il, qu'elle l'est d'autant qu'elle n'est pas occupée à castrer le père.

Lacan remarque que quelque chose s'est passé entre Freud et nous. Freud occupait parfaitement, jusqu'à la caricature, la place du père. Il opérait de là en analyse. Nous, nous ne le pouvons plus. C'est la remarque de Lacan, en 1961.

---

[280] *Ibid.*, pp. 348-349.

Nous savons bien que nous ne pouvons pas non plus opérer dans notre position d'analyste comme opérait Freud, qui prenait dans l'analyse la position du père. Et c'est ce qui nous stupéfie dans sa façon d'intervenir. Et c'est pour cela que nous ne savons plus où nous fourrer – parce que nous n'avons pas appris à réarticuler à partir de là quelle doit être notre position à nous. Le résultat, c'est que nous passons notre temps à dire à nos patients – Vous nous prenez pour une mauvaise mère – ce qui n'est tout de même pas non plus la position que nous devons adopter.
Le chemin sur lequel j'essaye de vous remettre, à l'aide du drame claudélien, c'est celui de replacer au cœur du problème, la castration. Car la castration est identique à ce que j'appellerai la constitution du sujet du désir comme tel – non pas du sujet du besoin, non pas du sujet frustré, mais du sujet du désir. Comme j'en ai déjà assez poussé la notion devant vous, la castration est identique à ce phénomène qui fait que l'objet de son manque, au désir – puisque le désir est manque -, est, dans notre expérience, identique à l'instrument même du désir, le phallus.
L'objet de son manque, au désir – quel qu'il soit, et même sur un autre plan que le plan génital –, doit, pour être caractérisé comme objet du désir, et non pas de tel ou tel besoin frustré, venir à la même place symbolique que vient remplir l'instrument même du désir, le phallus, c'est-à-dire cet instrument en tant qu'il est porté à la fonction de signifiant[...].
Et pourquoi cet instrument est-il porté à la fonction de signifiant ? Justement pour remplir cette place dont je viens de parler, qui est symbolique. Qu'elle est-elle, cette place ? Eh bien, elle est justement la place du point mort occupé par le père en tant que déjà mort. Je veux dire que, du seul fait que le père est celui qui articule la loi, la voix ne peut que défaillir derrière. Aussi bien, ou bien il fait défaut comme présence, ou bien, comme présence il n'est que trop là. C'est ce point où tout ce qui s'énonce repasse par zéro, entre le oui et le non. Ce n'est pas moi qui l'ai inventée, cette ambivalence radicale entre le zist et le zest, pour ne pas parler chinois, ou entre l'amour et la haine, entre la complicité et l'aliénation. Pour tout dire, la loi,

pour s'instaurer comme loi, nécessite comme antécédent la mort de celui qui la supporte [...].
L'explosion au bout de quoi se réalise la configuration du désir se décompose en trois temps, et vous pouvez le voir marqué dans les générations [...]. Trois générations suffisent.
A la première, la marque du signifiant. C'est ce que dans la composition claudélienne illustre à l'extrême, et tragiquement, l'image de Sygne de Coûfontaine, portée jusqu'à la destruction de son être, d'avoir été totalement arrachée à tous ses attachements de parole et de foi.
Deuxième temps. Même sur le plan poétique, les choses ne s'arrêtent pas à la poésie. Même chez des personnages créés par l'imagination de Claudel, ça aboutit à l'apparition d'un enfant. Ceux qui parlent et qui sont marqués par la parole engendrent. Il se glisse dans l'intervalle quelque chose qui est d'abord infans, *et ceci, c'est Louis de Coûfontaine. A la deuxième génération, l'objet totalement rejeté, l'objet non désiré, l'objet en tant que non désiré.*
Comment se configure sous nos yeux, dans cette création poétique, ce qui va en résulter à la troisième génération ? – c'est-à-dire à la seule vraie. Bien sûr, elle est au niveau de toutes les autres, mais je veux dire que les autres en sont des décompositions artificielles, ce sont les antécédents de la seule dont il s'agit.
Comment le désir se compose-t-il entre la marque du signifiant et la passion de l'objet partiel[281] *?*

conclut Lacan, s'interrogeant en cette séance du 10 mai 1961. C'est ce qu'il se propose d'articuler à la prochaine séance de son séminaire fixée au 17 mai suivant.

Sur le chemin du… Père humilié

Le 17 mai, c'est l'arrivée sur la scène de Pensée. Pensée de Coûfontaine, la fille de Louis et de Sichel. Il va s'agir, ici et maintenant, du *désir* de Pensée de Coûfontaine. Du désir de

[281] *Ibid.*, pp. 349-351.

Pensée. Lequel, va-t-on s'apercevoir bien vite, n'est que la pensée même du désir.

Ces noms donnés par le poète, Lacan nous apprend à les prendre et à les interpréter comme des moments d'incidence du symbolique sur la chair même. Donc, attention, les œuvres dites de fiction, ce n'est pas de la « rigolade », c'est du sérieux, il ne s'agit rien de moins que de l'incidence du symbolique qui marque la chair en ses conséquences. Comme dans la vie réelle donc ! Mais la vie réelle ne serait-elle pas, plutôt, alors la vraie fiction ? Puisque ce que le poète a reconnu, le sujet, dit dans la vie réelle, est souvent bien loin de la reconnaître cette, je dirai, morsure du symbolique dans la chair du réel… Car « *l'imposition du signifiant sur l'homme* – dit Lacan – *est à la fois ce qui le marque et ce qui le défigure* »[282].

Sygne, c'était, dans *L'Otage*, la sacrifiée qui faisait signe que *Non*. C'était la marque du signifiant portée à son suprême degré. C'était le refus poussé jusqu'à une position radicale.

Sygne, c'est la ***Versagung***. « *Versagung implique le défaut de la promesse, et le défaut à une promesse pour quoi tout a été renoncé* »[283], nous dit Lacan.
Ainsi, la Versagung, *le refus dont elle ne peut se délier, devient ce que la structure du mot implique,* versagen, *le refus concernant le dit, et, si je voulais équivoquer pour trouver la meilleure traduction, la perdition. Tout ce qui est condition devient perdition. Et c'est pourquoi, là, ne pas dire devient le dire-non.*[284]

Lacan fait remarquer qu'ici, dans la tragédie chrétienne moderne, quelque chose est dépassée de la tragédie antique oedipienne. On n'est plus dans *Œdipe à Colone*. On est plus dans la question de l'*Atè* et de la dette afférente. De quoi Œdipe

---

282 *Ibid.*, p. 356.
283 *Ibid.*, p. 357.
284 *Ibid.*, p. 357.

est-il coupable sinon de « *la charge qu'il reçoit de la dette de l'*Atè *qui le précède [...]*[285] ».

Et la notation devient alors, à cet endroit, radicale, avant d'aborder le « cas » de Pensée. Il dit :

Il s'est passé depuis quelque chose d'autre. Le Verbe s'est pour nous incarné. Il est venu au monde, et, contre la parole de l'Evangile, il n'est pas vrai que nous ne l'ayons pas reconnu. Nous l'avons reconnu, et nous vivons des suites de cette reconnaissance. Nous sommes à l'une des phases des conséquences de cette reconnaissance. C'est là ce que je voudrais articuler pour vous.

*Le Verbe n'est point simplement pour nous la loi où nous nous insérons pour porter chacun la charge de la dette qui fait notre destin. Il ouvre pour nous la possibilité, la tentation d'où il nous est possible de nous maudire, non pas seulement comme destinée particulière, comme vie, mais comme la voie même où le Verbe nous engage, et comme rencontre avec la vérité, comme heure de la vérité. Nous ne sommes plus seulement à portée d'être coupables par la dette symbolique. C'est d'avoir la dette à notre charge qui peut nous être, au sens le plus proche que ce mot indique, reprochée. Bref, c'est la dette elle-même où nous avions notre place qui peut nous être ravie, et c'est là que nous pouvons nous sentir à nous-mêmes totalement aliénés. Sans doute l'*Atè *antique nous rendait-elle coupables de cette dette, mais à y renoncer comme nous pouvons maintenant le faire, nous sommes chargés d'un malheur plus grand encore, de ce que ce destin ne soit plus rien.*

Bref, ce que nous savons par notre expérience de tous les jours, c'est que la culpabilité qui nous reste, celle que nous touchons du doigt chez le névrosé, est justement à payer pour ceci que le Dieu du destin est mort. Que ce Dieu soit mort est au cœur de ce qui nous est présenté dans Claudel.

Le Dieu mort est ici représenté par ce prêtre proscrit, qui ne nous est plus présenté que sous la forme de ce qui est appelé l'Otage, qui donne son titre à la première pièce de la trilogie.

---

[285] *Ibid.*, p. 358.

La figure de ce qui fut la loi antique est désormais l'Otage aux mains de la politique, proie de ceux qui veulent l'utiliser à des fins de restauration.
Mais l'envers de cette réduction du Dieu mort est que c'est l'âme fidèle qui devient l'Otage – l'Otage de cette situation où, au-delà de la fin de la vérité chrétienne, renaît proprement le tragique, à savoir que tout se dérobe à elle si le signifiant peut être captif.
Ne peut être otage, bien sûr, que celle qui croit, Sygne, et qui, parce qu'elle croit, doit témoigner de ce qu'elle croit. C'est justement par là qu'elle est prise, captivée dans cette situation qu'il suffit de forger pour qu'elle existe – être appelée à sacrifier à la négation de ce qu'elle croit.
Elle est retenue comme otage dans la négation même, soufferte, de ce qu'elle a de meilleur. Quelque chose nous est proposé qui va plus loin que le malheur de Job et que sa résignation. A Job est réservé tout le poids du malheur qu'il n'a pas mérité, mais à l'héroïne de la tragédie moderne il est demandé d'assumer comme une jouissance l'injustice même qui lui fait horreur.
Tel est ce qu'ouvre comme possibilité, devant l'être qui parle, le fait d'être le support du Verbe au moment où il est demandé, ce Verbe, de le garantir.
L'homme est devenu l'Otage du Verbe parce qu'il s'est dit, ou aussi bien pour qu'il se soit dit, que Dieu est mort. A ce moment s'ouvre cette béance, où rien d'autre ne peut être articulé que ce qui n'est que le commencement même du ne fus-je, *qui ne saurait plus être qu'un refus, un* non, *un* ne, *ce tic, cette grimace, bref, ce fléchissement du corps, cette psychosomatique, qui est le terme où nous avons à rencontrer la marque du signifiant.*
Le drame, tel qu'il se poursuit à travers les trois temps de la tragédie, est de savoir comment, de cette position radicale, peut renaître un désir, et quel[286].

Ce sera, au chapitre suivant, le sujet de notre étude du « cas » de Pensée de Coûfontaine, curieux personnage qui fait

[286] *Ibid.*, pp. 358-360.

l'objet de la troisième et dernière pièce de la trilogie claudélienne : un désir peut-il renaître, mais lequel ?

CHAPITRE IX

LA FIN DE LA TRILOGIE,

ou… « Au désir de la femme »

Pensée de Coûfontaine,
Orian,
Orso,
… sont les trois personnages principaux, ceux qui nous importent ici, de ce troisième épisode de la trilogie.

Pensée est, à sa manière, un personnage des plus séduisants. Elle nous est offerte, proposée comme, tout simplement, l'objet du désir. Elle est la fille de Louis de Coûfontaine (qui est devenu une autre canaille que son Toussaint de père) et de la maîtresse de son père qu'il a épousée après son parricide : Sichel. C'est elle, Sichel qui le veut, lui, comme objet de sa jouissance.

Au début du *Père humilié*, nous sommes dans une fête de nuit, à Rome. Y apparaît la figure de Pensée qui nous est présentée comme un véritable objet de séduction.
Pensée est quelqu'un, ici, qui équilibre, qui compense quelque chose. Ce quelque chose, c'est le sacrifice de Sygne, sa grand-mère.

Lacan le dit ainsi : « *Pour tout dire, est-ce au nom du sacrifice de sa grand-mère qu'elle va mériter quelques égards*[287] *?* »

---

[287] *Idem, ibidem*, p. 360.

Deux hommes vont représenter, pour Pensée, ce que Lacan appelle l'approche de l'amour : Orian et Orso.

Pensée aime Orian… qui ne l'aime pas… d'amour. Orso aime Pensée, laquelle ne lui voue aucun amour véritable en retour. Vous me direz, rien de plus banal et de plus courant dans la vie humaine quotidienne. Oui, bien sûr…

Mais, la question se pose, dans l'amour aussi à un autre niveau. Pour le Pape, toujours là, par exemple : Pensée va-t-elle finir par représenter quelque chose qui pourrait se rapprocher d'une figure exemplaire, une sorte de renaissance de la foi, laquelle, comme vous le savez, et dans cette famille, s'est depuis quelque temps, éclipsée. Lacan répond : bien loin de là !

Pensée est libre penseuse, si l'on peut s'exprimer ainsi, d'un terme qui n'est pas ici le terme claudélien. Mais c'est bien de cela qu'il s'agit. Pensée n'est animée que d'une passion, celle, dit-elle, d'une justice qui va au-delà de toutes les exigences de la beauté même. Ce qu'elle veut, c'est la justice, et non pas n'importe laquelle, non pas la justice ancienne, celle de quelque droit naturel à une distribution, ni à une rétribution – la justice dont il s'agit est une justice absolue. C'est la justice qui anime le mouvement, le bruit, le train, de cette Révolution qui fait le bruit de fond du troisième drame. Cette justice est l'envers de tout ce qui, du réel, de tout ce qui, de la vie, est, de par le Verbe, senti comme offensant la justice, senti comme horreur de la justice. C'est d'une justice absolue dans tout son pouvoir d'ébranler le monde, qu'il s'agit dans le discours de Pensée de Coûfontaine.
Vous le voyez, c'est bien la chose la plus loin de la prêcherie que nous pourrions attendre de Claudel homme de foi. Et c'est bien ce qui nous permet de donner son sens à la figure vers quoi converge tout le drame du Père humilié[288].

---

[288] *Ibid.*, p. 361.

Louis, cette canaille, a épousé Sichel, laquelle avait renoncé à tout, y compris à sa religion, sauf à lui. Celle-ci va être la femme qui, enfin, « *amène au jour sa propre volonté d'étreindre le monde* »[289], comme s'exprime Lacan.

Alors quelque chose va naître là.

Ce qui va naître là, c'est, singulièrement, la renaissance de cela même dont le drame du Pain dur *nous a montré qu'il était écarté, à savoir ce même désir dans son absolu qui était représenté par la figure de Lumîr*[290].

Loum-yir. Cela a à voir avec la lumière. Et Lacan de faire remarquer que :

Lumîr, c'est ce que nous retrouverons plus tard dans le dialogue entre le Pape et les deux personnages d'Orso et d'Orian, comme la lumière, la cruelle lumière[291].

[...] celle qui va venir incarner la lumière cherchée obscurément, sans le savoir, par sa mère elle-même, la lumière cherchée à travers une patience, prête à tout servir et à tout accepter, c'est Pensée. Pensée, sa fille. Pensée qui va devenir l'objet incarné du désir de cette lumière. Et cette pensée en chair et en os, cette Pensée vivante, le poète ne peut faire que d'imaginer qu'elle est aveugle, et de nous la représenter comme telle.

Je crois devoir m'arrêter ici un instant. Que peut vouloir le poète avec cette incarnation de l'objet ? – de l'objet partiel, de l'objet pour autant qu'il est le resurgissement et l'effet de la constellation parentale. Une aveugle. Cette aveugle va être promenée devant nos yeux tout au long de cette troisième pièce, et de la façon la plus émouvante.

---

289 *Ibid.*, p. 362.
290 *Ibid.*, p. 362.
291 *Ibid.*, p. 362.

Elle apparaît dans le bal masqué, où se figure la fin d'un moment de cette Rome qui est à la veille de sa prise par les garibaldiens. C'est aussi une sorte de fin qui se célèbre dans cette fête de nuit, celle d'un noble polonais qui, poussé au terme de sa solvabilité, doit voir le lendemain les huissiers entrer dans sa propriété. Ce noble polonais est ici pour nous rappeler, sous la forme d'une figure sur un camée, une personne dont on a entendu parler tant de fois, et qui est morte bien tristement. Faisons une croix sur elle. N'en parlons plus. Tous les spectateurs entendent bien qu'il s'agit de la nommée Lumîr. Et aussi bien, ce noble, tout chargé de la noblesse et du romantisme de la Pologne martyre, est tout de même ce type de noble qui se trouve inexplicablement avoir toujours une villa à liquider.
C'est dans ce contexte que nous voyons se promener l'aveugle Pensée comme si elle voyait clair. Car sa surprenante sensibilité lui permet, en un instant de visite préliminaire, de repérer, par sa fine perception des échos, des approches et des mouvements, toute la structure d'un lieu, aussitôt quelques marches franchies. Si nous, spectateurs, savons qu'elle est aveugle, pendant tout un acte ceux qui sont avec elle, les invités de cette fête, pourront l'ignorer, et spécialement celui sur lequel s'est porté son désir[292].

Il s'agit d'Orian, flanqué de son jeune frère Orso.

Ces deux personnages, Orian et Orso, sont en jeu. Orso est le brave gars qui aime Pensée. Orian, qui n'est pas tout à fait un jumeau, qui est le grand frère, est celui vers quoi Pensée a porté son désir. Pourquoi vers lui ? – si ce n'est qu'il est inaccessible. Car à vrai dire, cette aveugle, le texte, le mythe claudélien nous indique qu'il lui est à peine possible de les distinguer par la voix. Au point qu'à la fin du drame, Orso pourra lui donner pendant un moment l'illusion qu'il est Orian, qui est mort. C'est bien parce qu'elle voit autre chose, que la

---

[292] *Ibid.*, pp. 362-363.

voix d'Orian, même quand c'est Orso qui parle, la fait défaillir[293].

C'est alors que Lacan va faire une remarque d'importance, pour nous.

Mais arrêtons-nous un instant à cette fille aveugle. Que veut-elle dire ? Et pour considérer d'abord ce qu'elle projette devant nous, ne semble-t-il pas qu'elle est protégée par une sorte de figure sublime de la pudeur ? – qui s'appuie sur ceci que, de ne pouvoir se voir être vue, elle semble à l'abri du seul regard qui dévoile.

Je ne crois pas qu'il soit d'un propos excentrique que de ramener ici la dialectique que je vous fis entendre autrefois sur le thème des perversions dites exhibitionniste et voyeuriste. Je vous faisais remarquer qu'elles ne pouvaient être saisies du seul rapport de celui qui voit et qui se montre à un partenaire simplement autre, objet ou sujet. Ce qui est intéressé dans le fantasme de l'exhibitionniste comme du voyeur, c'est un élément tiers, qui implique que peut éclore chez le partenaire une conscience complice qui reçoit ce qui lui est donné à voir – que ce qui l'épanouit dans sa solitude en apparence innocente s'offre à un regard caché – qu'ainsi, c'est le désir même qui soutient sa fonction dans le fantasme, qui voile au sujet son rôle dans l'acte – que l'exhibitionniste et le voyeur se jouissent en quelque sorte eux-mêmes comme de voir et de montrer, mais sans savoir ce qu'ils voient et ce qu'ils montrent.

Pour Pensée, la voici donc, elle qui ne peut être surprise, si je puis dire, du fait qu'on ne peut rien lui montrer qui la soumette au petit autre, et aussi qu'on ne puisse l'épier sans être, comme Actéon, frappé de cécité, et commencer à s'en aller en lambeaux aux morsures de la meute de ses propres désirs[294].

---

[293] *Ibid.*, p. 363.
[294] *Ibid.*, pp. 363-364.

Le dialogue entre Orian et Pensée se termine par ce mystérieux aveu : *Je suis aveugle.* Lacan va dire que ce *Je suis aveugle* a la force d'un *Je t'aime,*

de ce qu'il évite toute conscience chez l'autre de ce que Je t'aime *soit dit, pour aller droit à se placer en lui comme parole. Qui saurait dire* Je suis aveugle, *sinon d'où la parole crée la nuit ? Qui, à l'entendre, ne sentirait en lui naître cette profondeur de la nuit* ?

C'est là où je veux vous mener – à la différence qu'il y a entre le rapport à se voir *et le rapport au* s'entendre. *On a remarqué depuis longtemps que c'est le propre de la phonation que de retentir immédiatement à l'oreille propre du sujet à mesure de son émission, mais ce n'est pas pour autant que l'autre à qui cette parole s'adresse ait la même place ni la même structure que celui du dévoilement visuel. Et justement parce que la parole, elle, ne suscite pas le voir, justement de ce qu'elle est, par elle-même, aveuglement.*

On se voit être vu, c'est pour cela qu'on s'y dérobe. Mais on ne s'entend pas être entendu. C'est-à-dire qu'on ne s'entend pas là où l'on s'entend, c'est-à-dire dans sa tête, ou plus exactement, il y en a en effet qui s'entendent être entendus, et ce sont les fous, les hallucinés. C'est la structure de l'hallucination. Ils ne sauraient s'entendre être entendus qu'à la place de l'Autre, là où l'on entend l'Autre renvoyer votre propre message, sous sa forme inversée.

Ce que veut dire Claudel avec Pensée aveugle, c'est qu'il suffit que l'âme, puisque c'est de l'âme qu'il s'agit, ferme les yeux au monde – et ceci est indiqué à travers tout le dialogue de la troisième pièce – pour pouvoir être ce dont le monde manque, et l'objet le plus désirable du monde. Psyché qui ne peut plus allumer la lampe pompe, si je puis dire, aspire à elle l'être d'Eros qui est manque. Le mythe de Poros et Pénia renaît ici sous la forme de l'aveuglement spirituel, car il nous est dit que Pensée incarne ici la figure de la Synagogue même, telle qu'elle est représentée au porche de la cathédrale de Reims, les yeux bandés.

D'autre part, Orian qui est en face d'elle est bien celui dont le don peut être reçu, justement parce qu'il est surabondance. Orian est une autre forme du refus. S'il ne donne pas à Pensée son amour, c'est, dit-il, parce que ses dons, il les doit ailleurs, à tous, à l'œuvre divine. Ce qu'il méconnaît, c'est justement que ce qui lui est demandé dans l'amour, ce n'est pas son poros, *sa ressource, sa richesse spitituelle, sa surabondance, ni même comme il s'exprime, sa joie, c'est justement ce qu'il n'a pas. Il est un saint, bien sûr, mais il est assez frappant que Claudel nous montre ici les limites de la sainteté.*

C'est un fait que le désir est ici plus fort que la sainteté elle-même. C'est un fait qu'Orian le saint fléchit et cède dans le dialogue avec Pensée, perd la partie, et, pour appeler les choses par leur nom, baise bel et bien la petite Pensée.
Et c'est ce qu'elle veut. Et tout au long du drame, elle n'a pas perdu une demi-seconde, un quart de ligne, pour opérer dans ce sens par les voies que nous n'appellerons pas les plus courtes, mais assurément les plus droites, les plus sûres. Pensée de Coûfontaine est vraiment la renaissance de toutes ces fatalités qui commencent par le stupre, continuent par la traite tirée sur l'honneur, par la mésalliance, l'abjuration, le louis-philippisme que je ne sais qui appelait le second temps-pire, *pour renaître de là comme avant le péché, comme l'innocence, mais pas pour autant la nature*[295].

Pensée, vous le savez si vous avez lu Claudel, est restée enceinte des œuvres du nommé Orian.

Elle reçoit la visite du frère, Orso. Celui-ci lui porte le dernier message d'Orian qui vient de mourir. Tous les efforts d'Orian ont été de faire accepter à Pensée d'être épousée par Orso, à Orso d'épouser Pensée.

---

[295] *Ibid.*, pp. 364-366.

Qu'est-ce qu'est Pensée dans cette scène ? L'objet sublime, sûrement. L'objet sublime en tant que déjà nous avons indiqué sa position l'année dernière comme substitut de la Chose. Vous l'avez entendu au passage, la nature de la Chose n'est pas si loin de celle de la femme – s'il n'était vrai que, par rapport à toutes façons que nous avons de nous approcher de cette Chose, la femme s'avère être encore bien autre chose. Je dis la moindre femme, et à la vérité, Claudel, pas plus qu'un autre, ne nous montre qu'il en ait la dernière idée, bien loin de là.

Cette héroïne de Claudel, cette femme qu'il nous fomente, c'est la femme d'un certain désir. Tout de même, rendons-lui cette justice qu'ailleurs, dans Partage de midi, *Claudel nous a fait une femme, Ysé, qui n'est pas si mal. Ça y ressemble fort à ce que c'est, la femme.*

Ici, nous sommes en présence de l'objet d'un désir. [...]

Si tant est qu'ici la figure de Pensée, et toute la ligne de ce drame, soit faite pour nous porter à cette limite un peu plus reculée, que voyons-nous ? – sinon une figure de femme divinisée pour être encore ici la femme crucifiée.

Le geste est indiqué dans le texte, comme il revient avec insistance dans tant d'autres points de l'œuvre claudélienne, depuis la princesse de Tête d'or, *jusqu'à Sygne elle-même, jusqu'à Ysé, jusqu'à la figure de Dona Prouhèze. Cette figure porte en elle quoi ? – un enfant, sans doute, mais n'oublions pas ce qui nous est dit, c'est que pour la première fois, cet enfant vient en elle de s'animer, de bouger, et ce moment est le moment où elle est venue à prendre en elle l'âme, dit-elle, de celui qui est mort.*

Comment cette capture de l'âme nous est-elle figurée ? C'est un vrai acte de vampirisme. Pensée se referme, si je puis dire, avec les ailes de son manteau sur la corbeille de fleurs qu'avait envoyée le frère Orso, ces fleurs qui montent d'un terreau dont le dialogue vient nous révéler, détail macabre, qu'il contient le cœur éviscéré de son amant, Orian. C'est là ce dont, quand elle se relève, elle est censée avoir fait repasser en elle l'essence symbolique. C'est cette âme qu'elle impose avec la sienne propre, dit-elle, sur les lèvres de ce frère qui vient de s'engager à elle pour donner un père à cet enfant, tout en lui disant qu'il ne sera jamais son époux.

Cette transmission, cette réalisation singulière de la fusion des âmes est celle que les deux premières citations que je vous ai faites, au début de ce discours, de L'Otage *d'une part, du* Pain dur *de l'autre, nous indiquent comme étant l'aspiration suprême de l'amour. C'est de cette fusion des âmes qu'en somme Orso, dont on sait qu'il va aller rejoindre son frère dans la mort, est là le porteur désigné, le véhicule, le messager*[296].

La place d'Orso, c'est celle-là même, pour nous-mêmes, nous dit Lacan,

dans laquelle nous-mêmes sommes appelés à être ici captivés. C'est à notre désir, et comme la révélation de sa structure, qu'est proposé ce fantasme, qui nous révèle quelle est la puissance magnétique qui nous attire dans la femme, [...]
Il y a toujours dans le désir quelque délice de la mort, mais d'une mort que nous ne pouvons nous-même nous infliger[297].

Pour Lacan, Pensée, c'est

la figure de l'Autre incarnée en cette femme [...]

Ainsi se termine le dessein du poète. Il nous montre, après le drame des sujets en tant que pures victimes du logos, *du langage, ce qu'y devient le désir.*
Et pour cela, ce désir, il nous le rend visible dans la figure de la femme, de ce terrible sujet qu'est Pensée de Coûfontaine.

---

[296] *Ibid.*, pp. 366-368.
[297] *Ibid.*, p. 368.

Elle mérite son nom, Pensée, elle est pensée sur le désir.

L'amour de l'autre, cet amour qu'elle exprime, c'est là même où, en se figeant, elle devient l'objet du désir[298] ».

Cependant, on sent là comme un flottement, à la fin de cette séance du 17 mai 1961. Lacan semble ressentir assez bien lui-même qu'il s'est éloigné de la pure question du transfert. A la séance suivante du 24 mai, il va y revenir, en force…

---

[298] *Ibid.*, p. 368.

CHAPITRE X

LE TRANSFERT, SELON LACAN

1. Du sujet supposé savoir

Jacques Lacan termine son séminaire sur le transfert, le séminaire VIII de 1960-1961, sur la question de la *position*, la place qu'y occupe l'analyste, lequel se présente, dans toute cette affaire du transfert, et comme objet – l'*objet petit* a – et comme sujet – par le *désir de l'analyste.*

Ce qu'il y dit n'est pas, à nos yeux, probant. Pourquoi ? Parce qu'il n'avance plus, il est à la croisée des chemins, il lui manque quelque chose pour avancer, il lui manque un élément, alors il bute, il stagne... A la place de l'avancée fracassante attendue en cette fin de séminaire, comme en toute fin de chacun de ses séminaires, il fait des digressions, des remarques latérales, fort intéressantes au demeurant, mais il n'avance plus sur la question du transfert.

A propos de l'analyste, dira-t-il en cette ultime séance du 28 juin 1961, revenant plus à Socrate, qu'à Sygne de Coûfontaine :

Ce que Socrate sait, et que l'analyste doit au moins entrevoir, c'est qu'au niveau du petit a, *la question est tout autre que celle de l'accès à aucun idéal. L'amour ne peut que cerner cette île, ce champ de l'être. Et l'analyste, lui, ne peut que penser que n'importe quel objet peut le remplir. Voilà où nous, analystes, sommes amenés à vaciller, sur cette limite où, avec n'importe quel objet une fois entré dans le champ du désir, se pose la question –* qu'es-tu ? *Il n'y a pas d'objet qui ait plus de prix*

qu'un autre – c'est ici le deuil autour de quoi est centré le désir de l'analyste. [...]
Voilà la fonction de l'analyste, avec ce qu'elle comporte d'un certain deuil.

Or, tout cela, c'est insuffisant. Ça reste et ça s'avère insuffisant.

Que savons-nous, avec Lacan, du transfert, au moment de conclure son séminaire du même nom ? Car c'est tout de même, *in fine*, autour de Socrate que ce sera fait l'essentiel de l'avancée où l'on se trouve. Ainsi, le Socrate du *Banquet* incarne la place de l'analyste. Socrate, en tout cas, incarne ce que doit être le *désir de l'analyste* afin que puisse s'éclairer la *vérité de l'amour de transfert*.

En effet, le transfert, c'est quelque chose qui se situe à la *frontière de l'amour et du désir*. L'extrême, souvent, complexité de l'amour de transfert chez un sujet s'en trouve éclairée, car elle ne se réduit pas à ce qui se passe à son niveau, mais cette extrême complexité est à relier, étroitement, à ce qui se passe, en même temps chez l'analyste et, plus concrètement avec le désir de l'analyste. Désir et amour sont parfaitement articulés. Ils le sont dans ce que Lacan a nommé dans ce séminaire « la métaphore de l'amour ». *Erôn* (l'amant, le désirant) dans son rapport à l'*erômenos* (l'aimé, le désiré). Celui/celle qui est, au départ, en position d'aimé(e) – ou de vouloir être aimé(e) –, substitue à cette position celle d'amant, de désirant. C'est à ce moment-là que s'atteint la signification de l'amour. Elle s'exprime ainsi : « *si, désirant, je veux croire que l'autre, désirant, est devenu me désirant, si dans les bûches qui s'enflamment par mon désir je perçois une main qui se tend vers moi* », alors… Alors quoi ? Alors, c'est bien sûr ce qui se produit dans l'analyse, puisque l'analyste, d'abord aimé, est aussi virtuellement aimant, ne serait-ce qu'à minima, d'écouter avec une telle constance l'analysant…

Cependant, on le sait, la position du sujet désirant, c'est, radicalement, celle du manque. C'est pour cela même que le dispositif, qui fait passer le sujet par ce temps de l'éclosion de l'amour de transfert, va le conduire, lui, le sujet analysant, tout droit au pied de la vérité de son désir. Ce n'est pas, bien sûr, un bien, même pas son bien, c'est, par définition, ce dont il manque. A une condition, ce n'est que pour autant que l'analyste, rivé à cette place de désirant, saura y faire valoir son manque fondamental.

Lacan nous explique, tout au long du séminaire, que Socrate montre une pleine effectuation de la tension qu'il provoque au niveau de la métaphore de l'amour, en renvoyant à la fonction du manque, avec l'*ouden*, le rien : souvenons-nous de l'*ouden ôn*, «*je ne suis rien*» («*je, n'étant, à proprement parler, rien*»), lui dit-il, à Alcibiade, en substance. Car la fonction du manque est inhérente au désir. Socrate, en ce qui le concerne, signifie qu'il est désirant, et il le reste dans la mesure où il ne peut strictement rien dire de lui comme désirant, là, à cet endroit même, à cette place où il est désiré. Pourquoi ? Tout simplement, mais très rigoureusement, parce qu'il s'abolirait comme désirant s'il en disait quelque chose. Il passerait alors, au registre de la demande et non plus à celui du désir. Il « miaulerait », ainsi, comme Alcibiade disant son amour. Mais Socrate n'est pas Alcibiade.

Socrate, en soutenant une position de désirant, dirige Alcibiade, nonobstant sa demande d'amour, à lui, Alcibiade, malgré cette demande à lui adressée, il le dirige vers une incarnation de l'objet de son désir, Agathon, qui est ce « con » (c'est le mot de Lacan, il dit même « *le con des cons, le plus con de tous, et même le seul con intégral* », dans l'ultime séance du 28 juin 1961). Il le met ainsi sur la voie, sinon de son désir, à tout le moins, sur la voie de la vérité de son transfert, bien que, comme il s'agit encore ici, au premier chef, d'une personne, cette vérité reste encore prise, bien trop, dans un imaginaire spéculaire. Un analyste devrait faire mieux, à cette tâche, en dé-spécularisant l'objet de cette vérité pour le sujet.

C'est donc sur ce point que l'on peut considérer que Lacan vient ici d'inventer, dans toute l'histoire de la psychanalyse, celle qui s'est déroulée avant lui, une théorie nouvelle du transfert. Pourquoi ? Parce qu'en se saisissant de Socrate et en en faisant une figure exemplaire, il vient de renverser d'une manière qui s'avère définitive, irréversible, ce que l'on appelle le sens du transfert. Comment cela ? Eh bien, vous remarquerez qu'il fait dorénavant dépendre, d'une part, le transfert, mais, surtout, d'autre part, son issue, – laquelle consiste très précisément à révéler au sujet l'objet de son désir et ce, à partir de la demande d'amour initiale –, dépendre de quoi ? Eh bien du *désir de l'analyste*. En effet, pour Lacan, ce n'est que de la place de ce désir de l'analyste que peut venir à s'interroger le transfert. Qui plus est, Lacan énonce clairement que ce n'est que de cette place, du désir de l'analyste, que pourra venir un sens véridique, ou pas, au transfert du sujet.

A partir de ce moment de l'œuvre lacanienne, il n'y a plus d'intersubjectivité. En effet, le terme « désir de l'analyste » est ce qui relève d'une disparité subjective (expression qui figure dans le titre complet du séminaire). Cette disparité est un obstacle radical et définitif à toute intersubjectivité, dans le sens où un sujet supposerait un autre sujet, analyste et analysant ne sont pas en symétrie subjective, mais en incommensurable dissymétrie. Ce qui ruine, en passant, l'expression, toujours ipéiste, de « contre-transfert ». Cette appellation, chez Lacan, *stricto sensu*, n'a plus lieu.

Si Lacan est, à la fin de ce séminaire, plus en gestation qu'en impasse, c'est qu'avec Socrate, il est déjà sur les rails de sa découverte prochaine, de son pas suivant, concernant le transfert. En effet, le désir de Socrate est bien un désir qui s'articule en fonction d'une position subjective qui se place, qui se campe, vis-à-vis du savoir. Ainsi, celle-ci, de fait, anticipe celle de l'analyste.

Que fait, en somme, Socrate ? Il se présente au monde comme *ne sachant rien* hors les choses de l'amour. Pourtant, lorsque c'est à son tour de parler, il va citer Diotime. Qu'est-ce que cela signifie ? Cela signifie que faisant ainsi, il manifeste sa division de sujet. Il montre alors qu'il ne peut parler de ce qu'il sait qu'en restant, qu'en se situant, dans la zone du « il ne savait pas ». Mais il peut supposer à Diotime ce savoir qu'il ne sait pas.

Ainsi, dès le séminaire *Le transfert*, de 1960-1961, on peut remarquer que surgit l'essentielle référence qui va nous occuper désormais dans la suite de son œuvre, que j'ai nommée, non seulement la référence au savoir, mais plus encore, émerge déjà la référence à la *supposition au savoir*. L'analyste, comme Socrate, est celui qui va être interrogé comme sachant, certes, mais c'est bien, dans ce séminaire, que l'on trouve déjà cette phrase qui anticipe et qui s'énonce ainsi : « *[...] c'est à la place même où nous sommes supposés savoir que nous sommes appelés à être et à n'être rien de plus, rien d'autre que la présence réelle et justement en tant qu'elle est inconsciente.* » (*Le transfert* ..., Seuil 2001, p.319).

L'année suivante, Lacan débute son séminaire de 1961-1962, intitulé : *L'Identification*.

C'est au cours des deux premières séances de *L'Identification* qu'il va introduire la célèbre formule du *sujet supposé savoir*. Ce sera d'abord pour la critiquer et sembler la rejeter. Cette figure du sujet supposé savoir se serait, selon lui, développée en tant que préjugé philosophique, à la suite du *cogito* cartésien. Il manipule, bien que brillamment, la formule avec une certaine ironie dans le but évident de s'en démarquer pour la psychanalyse. Il dit alors :

« *Il faut que nous apprenions à nous en passer à tous les moments* ». Il dit aussi que « *c'est une supposition indue* ».

Bref Lacan en est encore, à ces séances, à dénoncer le sujet supposé savoir. Mais ce n'est pas sans effet sur ses avancées, car cela lui permet, latéralement, d'ébranler sa notion de grand

Autre, et même d'aller jusqu'à renoncer à sa conception du grand Autre comme sujet, il énonce alors, à la séance du 15 novembre 1961 :

L'Autre n'est pas un sujet, c'est un lieu auquel on s'efforce, dit Aristote, de transférer le savoir du sujet.

Ainsi sujet supposé savoir et grand Autre se trouvent, à cet instant de l'œuvre, corrélés. A la place de ce que Lacan appelait jusque là l'Autre, le grand Autre, en tant que sujet, va venir à être logé le sujet supposé savoir. L'Autre devient donc un lieu. Un lieu de signifiants. Pas, ou plus un sujet. Mais ce n'est pas tout, une autre corrélation s'en déduit, et comme en cascade. Dans le même temps, Lacan énonce, pour la première fois aussi, le 6 décembre 1961, sa fameuse définition, axiomatique, du signifiant qui représente le sujet pour un autre signifiant, définition qui, lue en inversion, est aussi sa définition du sujet :

Le signifiant, à l'envers du signe, n'est pas ce qui représente quelque chose pour quelqu'un, c'est ce qui représente précisément le sujet pour un autre signifiant.

[Le sujet, c'est ce qui est représenté par un signifiant pour un autre (signifiant).]

Cependant, lors de ces premières séances du séminaire *L'Identification*, la question du transfert ne sera pas reliée à la notion du sujet supposé savoir. L'année suivante, 1962-1963, c'est le séminaire *L'Angoisse* qui va occuper Lacan. Il faut donc attendre deux ans, que Lacan ait été expulsé de l'IPA, qu'il arrête son séminaire *Le Nom du Père* à la fin de la première et unique séance de l'automne 1963, qu'il démarre son nouveau séminaire, en janvier 1964, à l'Ecole Normale Supérieure de la rue d'Ulm, invité par son ami Althusser, intitulé par Jacques-Alain Miller au Seuil, *Les Quatre concepts fondamentaux de la psychanalyse*, et qu'il soit en position et sur le point de fonder son école, *l'Ecole freudienne de Paris*, pour voir ce lien s'établir, à la fin du séminaire, dans une sorte de retournement qui va prendre à nouveau un appui sur René Descartes.

En effet, Lacan va d'abord désigner le Dieu de Descartes, le Dieu auquel Descartes réfère, comme étant *sujet supposé savoir*. Puis, Lacan va dire que, dans l'analyse, le sujet supposé savoir – dont il précise qu'il n'est pas forcément comme Dieu, qu'il peut en être différencié –, que le sujet supposé savoir, donc, dans l'analyse, eh bien... c'est l'analyste ! Il précise même en élargissant son propos en disant – ça c'est assez fort, c'est une sorte de saut épistémologique – que dès qu'il y a, quelque part, le sujet supposé savoir, il y a transfert, même si, dit-il, l'analysant est loin, des fois bien loin, de donner, d'octroyer cette place à l'analyste, à « son » analyste comme l'on dit, quand il entre en analyse, quand il débute.

On a remarqué que le lien entre transfert et sujet supposé savoir pouvait se repérer, donc qu'il s'annonçait déjà lorsque Lacan, dans son séminaire de *L'identification* se met à dire que l'Autre, le grand Autre, est un lieu auquel on transfère le savoir du sujet. On en a déduit quelque chose de non avoué par Lacan lui-même. De quoi s'agit-il ? On a supposé un maillon intermédiaire qui relierait le transfert au sujet supposé savoir, il s'agirait de l'idée, qui travaille Lacan à ce moment-là, l'idée d'un transfert de Descartes sur Dieu, Autre, grand Autre, celui qui, pour Descartes, est le garant des vérités éternelles. Nous savons que Descartes, laissant à Dieu ces vérités éternelles, cela lui permet d'attribuer à l'Homme de s'occuper de tout ce qui reste : c'est l'acte de naissance, alors, de la science moderne, – qui, mettant Dieu à sa place, localisable du côté des vérités éternelles, crée une place autre pour l'Homme – et de tous ces objets dont l'Homme peut faire ses choux gras, ses gadgets, etc...

Ne l'oublions pas pour autant : jusque-là l'Autre était quand même, *nolens volens*, un sujet auquel le sujet s'adressait. A partir de maintenant, l'affirmation que l'Autre n'est pas un sujet,...mais véritablement quelque chose de bien différent, en l'occurrence un *lieu*, va constituer quelque chose de fondamental, un pas décisif aura été ici franchi par Lacan et toute la psychanalyse avec lui.

Car, vous l'aurez aussi remarqué, si c'est en termes de lieu que dorénavant les rapports du sujet à l'Autre vont avoir à se traiter, nous allons nous situer et avoir affaire, désormais, en cette matière, à quelque chose qui va pouvoir et devoir prendre pour nom une *topologie*.

Ce n'est donc pas pour rien que l'on peut constater, et que l'on a pu dire que le séminaire *L'Identification* est le tout premier séminaire de Lacan où celui-ci commence à relier, très concrètement, les termes devenus déjà classiques de son discours, tels que le *désir* ou la *demande*, d'autres encore, à une pratique naissante d'objets topologiques et, tout d'abord, le *tore* et le *cross-cap*. Ainsi, tous ces termes, comme vidés, ou mieux, évidés de toute référence possible à une substance quelconque, deviennent exclusivement des termes d'une opératoire logique. C'est-à-dire, que tous ces termes, tels que l'*Autre*, la *demande*, le *désir*, vont venir à s'identifier à autant d'opérations de comptage et de coupure qui engendreront des surfaces topologiques.

A partir de 1964, c'est d'une grande évidence, il faut savoir que la formule *sujet supposé savoir* est la formule qui va constituer l'axe autour duquel tourne toute la notion de transfert. Et, il faut savoir encore, que ce sera comme cela jusqu'à la fin, jusqu'au dernier séminaire de 1980, intitulé *Dissolution*. Le séminaire qui accompagne l'acte de dissolution, par Lacan, de son école.

Cette formule, cependant, est astucieusement construite. Elle est souple et modulable. Elle se prête à diverses interprétations ou lectures qui témoigneront du rapport, quelque peu évolutif, de Lacan, face au savoir du psychanalyste. Elle est surtout bien équivoque.

Cette équivocité, qui est une équivocité grammaticale, se prête aisément aux renversements de sens, ce qui se traduit alors par un renversement de la position du sujet dans le transfert. Si un renversement devient possible, cela s'avère être alors un sacré avantage, car... Car quoi ? Car, réfléchissons bien, devient dès lors « pensable », et ceci, dès le départ de l'affaire du transfert dans une analyse, une *fin* audit transfert. Pas moins.

Reprenons : si le verbe « savoir », on peut l'entendre au sens d'un verbe transitif, transitif actif, c'est-à-dire avec un sujet en tant qu'agent, dotant le savoir d'un complément d'objet (ce qui, je vous le rappelle, caractérise et définit un verbe dit transitif), alors le sujet est supposé savoir *quelque chose.* Ce qui reporte tout l'intérêt sur ce fameux quelque chose qui est à savoir.

Mais il y a aussi l'inverse : le verbe « savoir » peut aussi bien être entendu comme un verbe intransitif, c'est-à-dire comme un verbe qui fonctionne sans complément d'objet. Qu'est-ce qui s'entend ainsi dans une telle version ? On y entend alors plutôt une mise en question de l'existence d'un *sujet supposé au savoir.* En effet, l'on peut se demander à propos de ce sujet : s'il est supposé (par quoi, d'ailleurs ?), comment, lui, pourrait-il savoir ?

Pour avancer dans une telle polarité de la formule *sujet supposé savoir*, il faut reconnaître que ladite formule implique l'existence d'un *sujet divisé* – pas moyen de s'en sortir autrement –. A ce stade, il convient aussi de remarquer que ce sujet divisé n'est que *latent*, mais qu'à terme il sera engendré, au mieux, par l'*acte psychanalytique*.

Il faut donc bien voir que cette formule est à double détente. La formule fonctionne ainsi : elle autorise quelque chose, mais, dans le même mouvement elle le met en question.

Lacan ne va pas se gêner, par la suite, dans tous les séminaires qui suivent celui des *Quatre concepts...*, de 1964, pour procéder à des variations de la formule à l'occasion de tous les jeux possibles qu'autorise cette équivocité.

Néanmoins, on peut noter qu'à partir du moment où il aura nommé le signifiant *S2*, *savoir*, c'est-à-dire, à partir de 1969, il va privilégier l'interprétation de la formule sous son mode intransitif : *sujet supposé savoir*, point barre !

Ce n'est pas tout, parce que voilà que Lacan, le 10 mai 1972, dans son séminaire *Un discours qui ne serait pas du semblant*, nous fait la remarque suivante : il dit que « sujet supposé » n'est rien d'autre qu'un pléonasme. Pourquoi ? Eh bien, explique-t-il, parce que un sujet n'est jamais que supposé. C'est-à-dire, entendez bien, supposé, cela signifie, à la lettre, « sup-posé », « sous-posé », posé en-dessous, en terme grec, – c'est très précisément le terme d'Aristote qu'il reprend, encore une fois, ici – *hypokeimenon*.

L'année suivante, dans le séminaire *Encore*, 1972-1973, la preuve, en quelque sorte, nous est donnée, que c'est bien sous la forme intransitive que, pour Lacan, la formule tient, lorsqu'il énonce : « *Dire qu'il y a sujet ce n'est rien d'autre que de dire qu'il y a hypothèse.* »

Autre incise, lorsque le 10 janvier 1978, dans son séminaire *Le moment de conclure*, Lacan nous apporte une précision. Quelle serait le savoir à attendre venant de l'analyste en position de sujet supposé savoir ? Telle est la question du jour. Il répond : que ce serait *un savoir lire Autrement* (A majuscule) : il indique, en outre, je cite : « *Autrement désigne un manque. C'est de manquer Autrement qu'il s'agit.* »

On se demandera, pourtant, si l'émergence de ce savoir lire Autrement ne correspondrait pas, précisément, à un retournement de ladite formule ? C'est-à-dire, si vous me suivez, à une désupposition d'un sujet agent d'un (supposé) savoir ayant un complément d'objet direct, c'est-à-dire encore, à l'émergence, à partir même du sujet supposé savoir, donc insistons, pas sans lui, du sujet de l'inconscient ? Il a été noté, à ce propos, que plusieurs passages de ce séminaire, *Encore*, étayent cette interprétation. Celui-ci en est un, lorsque Lacan dit à son auditoire : « *Dans votre discours analytique, le sujet de l'inconscient vous le supposez savoir lire.* »

Continuons encore un peu, afin de nous faire percevoir, et apercevoir les questions qui se posent, à partir de ces années-là.

Si sujet et supposé sont pléonasmatiques, on peut se demander : qu'est-ce qui est supposé dans le sujet supposé savoir ? Lisons, à la lettre. Un savoir est supposé...à un sujet qui est, lui-même, supposé.

On peut faire une remarque : cette chose n'était-elle pas déjà lisible bien avant dans l'œuvre ? Si, si, si... On peut déjà la lire dans *l'algorythme du transfert* qui ne figure qu'une seule fois, – c'est ce que l'on appelle un apax, pour les spécialistes –, où cela ? Eh bien, dans la *Proposition du 9 octobre 1967 sur le psychanalyste de l'Ecole*[299], dans laquelle, vous pourrez aller vérifier, le sujet et le savoir sont tous deux placés sous la barre[300]. Ainsi, le sujet supposé au savoir et le sujet de l'inconscient sont tous deux des attributions, ou des suppositions, en tout cas des choses, des éléments qui sont « dessous ». Ce sont des « dessous ».

Lacan finira par dire qu'ils ressemblent l'un à l'autre comme conscience et inconscient dans une bévue. Nous savons que c'est comme cela, l'*Une-bévue*, que Lacan, à la fin de son œuvre, a fini par re-nommer l'inconscient freudien, l'*Unbewusste*. Il dit, à cette occasion, dans la séance du 10 mai 1977, de *L'insu que sait de l'une-bévue s'aile à mourre* :

Bévue est le seul sens qui nous reste pour cette conscience. C'est bien inquiétant par ce que cette conscience ressemble fort à l'inconscient.

---

[299] *Scilicet* n°1, *opus cité* p.19.

[300] La formule de l'algorythme du transfert figure dans l'introduction p. 9.

2. Du transfert dans le Réel

Où en sommes nous arrivés en suivant Lacan ? Nous en sommes arrivés dans les années 1975-1978 au cours desquelles Lacan articule un sujet supposé savoir recouvert par le sujet de l'inconscient.

Il effectue ce recouvrement du sujet supposé savoir par le sujet de l'inconscient, très précisément, lors des *Journées d'étude sur la passe*, en 1978 :

Pour se constituer comme analyste il faut être drôlement mordu ; mordu par Freud principalement, c'est-à-dire croire à cette chose absolument folle qu'on appelle l'inconscient, et que j'ai essayé de traduire par le sujet supposé savoir[301].

On se souvient que nous sommes partis de l'équivoque grammaticale que contenait la formule lacanienne du « sujet supposé savoir ». Eh bien, il va nous falloir admettre que cette équivoque grammaticale, elle-même, cette équivoque, c'est ce qui correspond audit recouvrement du sujet supposé savoir par le sujet de l'inconscient. Voilà où ce diable de Lacan nous amène en ces années-là, les dernières années 1970.

Comment ? Eh bien, c'est ici la rencontre d'un temps, plus précisément d'un *moment*, et d'un *lieu*. Ce lieu est un *lieu logique*. Un moment et un lieu logique ici s'associent. Pourquoi ?

Parce que l'on en arrive à ceci, une formule logique, de type causaliste :
Si..., alors...
Si l'inconscient est un savoir...
Si un savoir est une connexion de signifiants...
Si un signifiant représente un sujet – un sujet de l'inconscient – pour un autre signifiant...

---

[301] J. Lacan, *Lettres de l'EFP*, N°23.

Et si le sujet est par définition supposé…
Alors... on ne peut plus distinguer, dans ce cas de figure, et d'un point de vue de pure logique, le sujet de l'inconscient et le sujet supposé savoir. Le premier recouvre le second. Ils deviennent, dès lors, indifférenciés.

Cela pose un problème. Ce problème, c'est, bien sûr, celui de cette indifférenciation, pour autant qu'il ne peut déboucher que sur celui de l'issue à attendre pour le transfert.

En effet, l'on peut se demander alors si à ce niveau d'indifférenciation que nous rencontrons, avec Lacan, entre le sujet de l'inconscient et le sujet supposé savoir, s'il n'y a pas un risque. Lequel ? Eh bien le risque serait, pour un sujet, le suivant. Le risque serait que le sujet prolonge l'amour courant de transfert en… amour pour son inconscient ! Ce qui aurait pour résultat de rendre la fin de l'analyse, littéralement, impossible… !
Lacan voit bien l'écueil. C'est la raison pour laquelle, dès son séminaire *Les non-dupes errent*, de 1973-1974, il va soutenir qu'il nous faut parier sur le réel, le R du réel, l'*erre*. Il va même énoncer que, pour la première fois dans l'histoire, dit-il avec un certain culot, un certain aplomb, il nous est *possible de refuser d'aimer notre inconscient*, ce sont ses termes mêmes.

Lacan voit bien que pour dépasser l'indifférenciation possible de ces deux sujets – le sujet de l'inconscient et le sujet supposé savoir –, il lui faut un troisième terme.

En effet, comme on l'a vu, Lacan a rattaché, dès 1964 dans *Les Quatre concepts fondamentaux de la psychanalyse*, le transfert au sujet supposé savoir. Le transfert, c'est le sujet supposé savoir, nous répète-il sans cesse.

Mais, en 1965, dans son séminaire suivant, *Les Problèmes cruciaux de la psychanalyse*, il se rend bien compte qu'il y a un problème qui est lié à l'indétermination du sujet. Que souhaite-t-il, en somme, au niveau de ce séminaire de 1965 ? Il souhaite que l'analyse soit quelque chose qui aboutisse à autre chose qu'à une identification du sujet indéterminé, c'est-à-dire, à ce qu'on appelle le sujet de l'inconscient, au sujet supposé savoir. Il dit très exactement, à la séance du 19 mai 1965 :

[identification] au sujet supposé savoir, c'est-à-dire au sujet de la tromperie

Se pose alors la question : y a-t-il là la possibilité de quelque chose d'autre, et dans quelle mesure cela est-il réalisable ?

Lacan va répondre : – c'est possible, dit-il, dans la mesure où il existe, je cite : « *le troisième joueur qui s'appelle la réalité de la différence sexuelle* ». Il va même insister, mais surtout préciser, en énonçant que c'est de là que « *le sujet prend sa nouvelle certitude, celle de prendre son gîte dans le pur défaut du sexe* ».

Donc on voit ici qu'aux deux premiers pôles de la question du transfert – sujet de l'inconscient, sujet supposé savoir –, s'en ajoute un troisième : il s'agit de *la réalité de la différence sexuelle.* A ce troisième pôle de la réalité de la différence sexuelle gît, non pas un manque de savoir, mais, véritablement, un interdit de savoir. Lacan dit : « *tout ressort d'un ''on ne veut rien savoir''* ». Si Lacan s'exprime ainsi, c'est parce qu'il n'en est pas encore arrivé, en 1965, à conclure qu' « *il n'y a pas de rapport sexuel* » !

Ce troisième pôle contient une vérité. Sa vérité. Cette vérité, précisément, va faire retour. Dans quoi ? Où ? Dans le *symptôme.*

A propos dudit symptôme, c'est à ce moment-là, en 1965, que Lacan est amené à parler d'une autre division. Il y avait, vous vous en souvenez sans doute, une *première division* : celle qui existe *entre le sujet et le savoir.* En voici une autre qui arrive à Lacan : celle qu'il énonce *entre sujet et symptôme.* Ce n'est pas la même.

Dans la séance du 9 juin 1965, il dira : « *La division du sujet et du symptôme c'est l'incarnation de ce niveau où la vérité reprend ses droits et sous la forme de ce réel non su, de ce réel à exhaustion impossible qui est ce réel du sexe.* »

Nous nous situons dorénavant dans une perspective qui commence à s'orienter, et qui trouvera son acmé à la fin de cette enquête sur la question du transfert, laquelle commence à s'orienter vers ce que j'ai cru bon d'appeler le *réel du transfert*, la dimension réelle du transfert, le transfert en tant que réel, comme on voudra soi-même l'appeler... Mais nous n'aborderons véritablement de front cette dimension du réel qu'à la fin de cette étude sur le transfert. Encore, donc un peu de patience, et vous en serez, cher lecteur, je l'espère, récompensé.

En effet, dans cette perspective donc, que nous nommerons comme étant le réel, en tant qu'impossible savoir du rapport sexuel, le réel, ce réel, ce serait ce qui permet au transfert de porter à autre chose qu'à l'identification au sujet supposé savoir, fût-il ce SSS, placé sous le masque du sujet de l'inconscient.

Mais Lacan, vous le savez sans doute, à force de vous le seriner tout le temps, fait tourner la question du transfert autour de l'objet petit *a*. C'est particulièrement net et évident dans deux de ses séminaires : *Le Transfert* (1960-1961) et *L'Angoisse* (1962-1963).

Nous nous demanderons maintenant comment il articule *sujet supposé savoir* et *objet petit* a, précisément dans la question du transfert ?

Il faut savoir qu'avec Lacan, à le suivre, l'on s'aperçoit qu'objet *a* et SSS peuvent être considérés, abordés, appréhendés comme deux modalités logiques d'abord, d'arraisonnement du transfert, de la question du transfert.

Prenons l'objet *a*. Dans la séance du 3 juillet 1963 du séminaire *L'Angoisse*, à la toute fin de ce séminaire donc, il dit :

« *Cet objet* a *est situé par chacun et par tous dans le champ de l'Autre et c'est cela qu'on appelle la possibilité de transfert.* »

Qu'en conclure ? C'est simple : il nous faut en conclure que cet objet *a* se situerait alors sur le plan du *possible*.

Prenons maintenant le sujet supposé savoir. Dans son séminaire *Les Quatre concepts*, il énonce à un certain moment :

« *Le transfert est impensable sinon à prendre son départ dans le sujet supposé savoir.* »

Qu'en déduire ? Simple, là aussi. Le sujet supposé savoir se situerait, lui, sur le plan du *nécessaire*.

Possible et nécessaire, deux *modalités logiques* d'abord de la question du transfert.

L'effort de Lacan est conséquent. Ce qui veut dire, strictement, qu'il tire à conséquences. Car avec ses deux termes, purement lacaniens (on ne les retrouve pas ailleurs dans la psychanalyse internationale, et même nationale), Lacan essaye d'articuler ce que l'on peut appeler le plan de la détermination scientifique, ou si nous préférons, *signifiante*, du sujet et, ou plutôt, *avec*, le plan de la réalisation effective, c'est-à-dire contingente, avec un analyste. Tel ou tel analyste.

Ainsi, qu'en déduire ? Une chose d'importance. Laquelle ? Eh bien, ce que l'on peut ici nommer comme étant la manœuvre, oui la *manœuvre*, la manœuvre du transfert, et dire qu'elle est soumise aux aléas de la pratique. Dire plus encore, qu'elle dépend – oui, elle dépend – du *désir de l'analyste* et, *last but not least*, ce qui n'est pas une mince affaire, elle dépend de son *savoir-faire*.

Je vous répète ici cette citation qui date du 9 juillet 1978 :

Le sujet supposé savoir c'est quelqu'un qui sait, il sait le truc, la façon dont on guérit une névrose[302].

Alors, abordons maintenant la question de *l'issue de l'analyse.* Qu'en dire, au point où nous en sommes ? L'issue d'une analyse, peut-on dire, ne se présente pas selon le mode du nécessaire. C'est le moins que l'on puisse dire. Aucune nécessité ici. Mais aussi, cette issue, l'on peut avancer, qu'elle n'est pas déterminable à l'avance.

On dit alors que cette opération de l'issue d'une analyse, en clair, sa fin, si c'est une opération qui n'est pas nécessaire, elle est cependant *possible.* Elle est de l'ordre du possible,...à condition... A condition de quoi ? A condition qu'on laisse sa chance à l'objet *a.*

A quoi sert alors le sujet supposé savoir ? Le SSS permet de situer le transfert au regard du sujet de la science. Le « sujet de la science », c'est ce sujet sur lequel Lacan dit que nous opérons en psychanalyse. Il faut rappeler ici, encore, que ce sujet naît, pour Lacan qui le démontre, à partir du geste de Descartes – lequel n'entraîne rien de moins que la possibilité de la naissance de la science moderne –. Ce geste cartésien, c'est à l'origine, l'origine logique, l'acte signifiant du *cogito.* Et c'est bien à ce sujet supposé savoir dans son rapport au sujet de la science que se rapporte le transfert dans toutes les structures cliniques : névroses, perversions et psychoses y compris.

Cependant, dans le séminaire *D'un Autre à l'autre*, en 1969, il y a ce que Lacan, mais dans le cas des névroses et des perversions seulement, appelle une « *coalescence* » (adhérence de deux surfaces en contact), c'est-à-dire quelque chose qui

---

302 Jacques Lacan, Conclusion du IXè Congrès de l'EFP sur *la Transmission*, 9 juillet 1978, *Lettres de l'EFP*, N°25.

advient en faisant se rapprocher et s'accoler la structure clinique avec une modulation du sujet supposé savoir.

Ainsi, il nous faut reconnaître que dans cette folle aventure qu'est une psychanalyse, il y a du sujet supposé savoir au début, mais aussi à la fin de l'analyse. Cela arrange bien Lacan, qui dira dans la séance du 7 février 1968 de son séminaire *L'Acte psychanalytique* :

« *Cette supposition est bien utile pour s'engager dans la tâche analytique.* »

Il apporte aussi, dans ce même séminaire de *L'Acte analytique*, dans la séance du 24 janvier 1968, cette idée affirmée que le sujet supposé savoir est l'objet d'un rendez-vous fixé pour plus tard :

« *Le psychanalysant, au départ, prend son bâton, charge sa besace pour aller à la rencontre du rendez-vous avec le sujet supposé savoir.* »

Que peut-on dire de ce fameux rendez-vous ? On peut dire qu'il ne l'atteindra, d'une certaine manière, en fait, qu'à la fin des fins... Quand ? Quand, précisément, va basculer l'illusion du sujet supposé savoir. A la séance du 24 janvier 1968, Lacan va énoncer ceci :

L'opération de l'acte psychanalytique doit, ce sujet supposé savoir, le réduire à la fonction de l'objet a ; c'est ce que, dans une analyse, celui qui l'a fondée cette analyse, dans un acte, à savoir son propre psychanalyste, est devenu.

Ainsi le sujet supposé savoir est rencontré quand... Quand quoi ? Quand l'analyste le devient, ce SSS, au terme de l'analyse. Lacan ajoute cette expression : « par hypothèse ». Il le devient, donc, par hypothèse au moment même où le sujet supposé savoir est « éliminé » (terme de Lacan), où il « chute » (autre terme de Lacan).

On l'exprime ainsi dans le milieu lacanien en disant que : l'analyste *aura été* (futur antérieur) aura été le sujet supposé savoir, quand, précisément, sa fonction se réduit à celle de l'objet *a*. C'est-à-dire à quoi ? Eh bien oui, se réduit à ce déchet, ce résidu de quoi ? Ce déchet, ce résidu du savoir.

Bien sûr, l'opération est une opération que Lacan appelle de *désêtre*, c'est celle que subit le sujet supposé savoir – et qui représente, à strictement parler ce qu'on appelle l'acte analytique – laquelle opération consiste, lacaniennement parlant, en la répartition entre les deux partenaires en présence, c'est-à-dire, l'analyste et l'analysant, de deux termes du fantasme qui sont, je vous les précise : le *grand* S et le *petit* a.

Prenons l'analysant. Il ne s'avère pas être « tout-sujet », puisqu'il se retrouve divisé. Il est donc « pas-tout », mais il n'est pas sans cet objet qui se trouve rejeté à la place préparée par la présence du psychanalyste pour qu'il vienne à se situer dans cette relation de cause (objet cause…) de sa division en tant que sujet.

Néanmoins, il faut savoir que toute la vérité du symptôme n'est pas pour autant devenue savoir, car il existe un *reste*. Ce reste s'appelle l'objet *a*. Le savoir obtenu est, comme le dira rigoureusement Lacan, lors de la séance du 20 mars 1968 du séminaire sur *L'Acte…* : une « *réalisation signifiante accointée à une révélation du fantasme.* »

Qu'y a-t-il alors, à la fin d'une analyse ? Eh bien, si l'on suit à la lettre l'œuvre lacanienne, il y a d'un côté le S qui, comme il le dit dans la séance du 21 février 1968 : est « *symbolisé par ce moment foudroyant de l'entre-deux mondes d'un réveil du sommeil hypnotique* », et le *petit a*, l'objet petit *a*, autour duquel se sont instaurés tous les revêtements narcissiques du moi et où se supporte quoi ? Eh bien… et où, dans ce lieu, se supporte, parfaitement à son aise, l'âââme…mour. C'est bien là que l'amour y trouve sans cesse son meilleur support, son meilleur suppôt.

Posons, enfin, cette question cruciale. Quel sujet advient à la fin de toute cette sorte de folie, qu'est, pour le commun des mortels, une analyse ?

Le sujet qui advient n'est pas le sujet du savoir (ce que l'on croit habituellement dans le petit landernau analytique lacanien ou non). Lequel alors ? Eh bien le sujet qui advient en fin d'analyse, c'est tout simplement le sujet de la *certitude*… Mais attention, pas de n'importe quelle certitude ! De la *certitude anticipée*, celle, souvenons-nous, que l'on trouve sous la plume de Lacan dans son texte des *Ecrits* dit justement du *Temps logique et de la certitude anticipée*[303]. Il s'agit donc ici d'une hâte à conclure (pas à conclure dans la hâte, là où ne serait que raté, voire rature de son analyse). Une certitude anticipée dans la hâte à conclure, – reprenons– et vérifiée dans l'après-coup par des scansions. Ainsi, ce sujet n'est pas le sujet supposé savoir car il n'est pas tout savoir, certes, mais il n'est pas sans savoir non plus… *Le temps de fin n'admet qu'un savoir pas-tout.*

Nous comprenons dès lors que, pour chacun, il y ait un ratage à totaliser un savoir de l'analyse alors même qu'il se trouve, ce chacun, cette chacune, dans ce temps de fin. C'est, aux yeux de Lacan, l'une des raisons qui justifiaient, pour lui, le témoignage indirect de la procédure dite de *la passe* qu'il avait instituée. Car qu'est-ce qui est mis sur la sellette avec ladite procédure ?

Sur la sellette est placé rien de moins que *le désir de l'analyste*[304], ce désir qui n'est rien d'autre, dira Lacan lui-même, lors de la séance du 12 mai 1965 de son séminaire *Les*

---

303 Jacques Lacan, *Le temps logique et l'assertion de certitude anticipée* (1945), in *Ecrits*, Seuil, 1966, pp.197-213.

304 Moustapha Safouan, *Le transfert et le désir de l'analyste,* Seuil, 1988.

Problèmes cruciaux de la psychanalyse, que « *amener le patient à son fantasme originel* » et il ajoute « *ce n'est rien lui apprendre, c'est apprendre de lui comment faire.* »

3. Du Réel dans le transfert

N'est-il pas remarquable que ce terme de « transfert » fut écrit par Freud dès 1888, et qu'il le fut, écrit, qui plus est, en français ? : « transfert », donc ! C'était sur la commande des rédacteurs du fameux dictionnaire médical de Villaret, qui faisait, en France à l'époque, référence. Et à propos de quoi ? A propos de l'hystérie ! D'un article de commande sur l'hystérie. Cependant, il ne l'emploie pas, ce terme de transfert, dans l'acception qu'il va prendre sept ans plus tard dans les *Etudes sur l'hystérie* (*Studien über Hysterie*), de 1895. Par ce terme, Freud vise à cette époque le changement du côté du corps, un changement d'hémicorps, pour un symptôme hystérique.

Alors que dans les *Etudes...*, il se met à employer le terme d'*Übertragung*. Chose remarquable, ledit transfert, il le compare à ce qu'il nomme « un faux nouage ». Bref, quelque part, l'hystérique se trompe… sur le nœud, … le nœud qui la cause. Cependant, à partir de ce texte des *Etudes...*, le « transfert » va définitivement signifier ceci : que le psychanalyste est immanquablement impliqué dans toute psychanalyse d'un sujet.

Qu'est-ce alors qui est reconnu lorsqu'on reconnaît l'existence de ce phénomène du transfert ? Ce qui est reconnu, par Freud le premier, c'est que le « transfert », c'est quelque chose de littéralement dérangeant. Cela dé-range ce qui était plus ou moins bien rangé. En fait très mal rangé. Parfois trop bien rangé, impératif parental et impératif familial obligent ! Quel est cet opérateur du dérangement ? Disons le tout net : c'est *l'amour*[305]. L'amour – et donc aussi bien la haine – qui

[305] Gérard Pommier, *L'amour à l'envers. Essai sur le transfert*, PUF, 1995.

surgit et qui va, au sens strict, se « porter » sur le psychanalyste (c'est le verbe allemand *tragen* qu'emploie Freud ; *tragen* et donc *Übertragung*).

Mais Freud se rend bien compte que le transfert fonctionne doublement : 1) il est ce qui permet de révéler le passé du sujet, un peu comme un *catalyseur*, terme qu'utilise un Ferenczi; 2) mais, malheureusement, en revanche, c'est aussi ce qui est responsable de ce qui fait *résistance* au récit de ce même passé.

Quel est cet amour dans une analyse ? Freud l'appelle *amour de transfert*. Est-ce pour autant un faux amour, un faux nœud ? Voire un faux nez ? Une illusion supplémentaire ? Non, répond Freud, puis Lacan. Dans son texte de 1915, *Remarques sur l'amour de transfert*, Freud se demande alors si ce transfert n'est pas la copie, la répétition d'un ancien amour ? Oui, c'est ça, dans la mesure où toute énamoration répète une autre énamoration qui prend sa source dans des modèles infantiles, mais…et surtout, ce n'est pas que cela. Là est l'important. Là est même l'essentiel. Et il conclut :

[...] on n'a aucun droit de contester à l'énamoration apparaissant dans le traitement analytique le caractère d'un amour « authentique ».

J'en conclus alors, rigoureusement, avec vous, à cet instant, qu'il s'agit – s'il y a vraiment analyse – d'un amour bien réel, d'un amour complètement réel, d'un amour *dans le Réel*, qui ne se confond pas avec l'amour imaginaire, – celui qu'on s'imagine – disons-le névrotique, c'est-à-dire, en un mot, *narcissique* (lequel est à considérer comme une sorte de victime de l'effet de ce qui s'appelle les imagos, les images, aimées et/ou haïes des parents et grands-parents, des frères et sœurs, des oncles et tantes, des professeurs, etc. qui ont jalonné notre enfance) et d'où est parti l'analysant au début de son analyse, ni avec l'amour dans le symbolique du genre : « quand je suis avec lui, je m'entends bien, en lui parlant, même s'il se tait… », c'est-à-dire la question du grand Autre dans le symbolique [*Quand je parle (au petit autre, à mon semblable), je fais exister le grand Autre, lieu du Symbolique, Trésor des signifiants (s'il m'écoute)*] dit en substance Lacan. D'où, vous l'aurez compris, concernant cet *amour dans le réel*, la gravité de la chose…

Mais le transfert est-il quelque chose qui se réduit à de l'amour, même dans le réel ? Même si, au complet, on se rend compte qu'il est tissé des trois dimensions de cet amour : *amour dans l'imaginaire* – sérieusement mis à mal et puissamment réduit au décours d'une analyse –, *amour dans le symbolique* – le rapport de parole d'un(e) qui parle à l'Autre, *sujet supposé savoir* – car il s'agit au fond du savoir, deuxième élément de la théorie du transfert chez Lacan, le premier étant l'objet petit *a* – Autre qui écoute pour, qu'en retour, le premier/la première s'entende, entende enfin, et pour la première fois souvent, ce qu'il/elle est en train de dire, et de dire depuis parfois un bon bout de temps –, *amour dans le réel*, *hic et nunc*, ici et maintenant, de cette forme de *l'amour dans l'impossible*, cet amour qui *unit en désunissant* dans sa progression vers la différence absolue, à chaque séance un peu plus, analyste et analysant ?

Non, car avec l'apport de Lacan, il va nous falloir préciser qu'en fait, le *transfert* n'est pas parfaitement identifiable à *l'amour de transfert*. Il ne peut pas s'en passer, certes, à condition de s'en servir, pour détourner ici une phrase lacanienne concernant, comme nous le savons, la question du père.

Comme l'a montré Lacan, le *désir* s'est ici invité au festin. Mais alors, le transfert serait-il plus identifiable au désir ? *L'objet petit a* qui, comme le montre constamment Lacan lui-même, est-il le seul responsable de ce quelque chose qui, plus que le Paradis, évoque bien plus souvent l'Enfer ?

Non plus. Pourquoi ?

Parce que le *transfert* c'est quelque chose de bien particulier quand il est mis en acte dans une analyse. Car le *transfert*, c'est quelque chose qui se situe, qui se tient, qui campe, à la *frontière* de l'amour et du désir. Le transfert, en quelque sorte, c'est un *passeur de frontières*. Et dans les deux sens, je vous prie.

Quand Lacan avance, en 1960, qu'il n'y a pas de contre-transfert, parce qu'il n'y a pas d'inter-subjectivité, c'est aussi pour signifier qu'il n'y a qu'un transfert – il y a le transfert, un point c'est tout ; le transfert dans lequel les deux protagonistes, l'analysant ET l'analyste sont pris, sont faits comme des rats, comme l'*Homme aux rats* !

Les deux protagonistes sont pris ensemble dans les rets de ce *Janus bi-frons* qu'est le transfert. Janus bi-frons, en effet, d'un côté, de l'amour, de l'autre du désir... Mais pas les mêmes et pas à la même place.

Explication :

DE L'AMOUR :

Une chose est sûre, avérée, éprouvée : les deux partenaires baignent dans l'amour et le désir. Mais l'analysant, au départ arrive d'un train en provenance de l'enfer de l'amour infantile névrotique, mélange détonnant autant que désespéré d'amour et de haine concassés depuis la traversée de l'enfance et de l'adolescence.

De ce point de vue-là, l'analyste doit – se doit – d'avoir un temps d'avance, pour autant qu'il est censé avoir été un tant soit peu analysé... *Castration imaginaire* – φ : castration des images, des imagos, des figures idéales, des illusoires figures du Père, de tout père, comme du maître, de tout maître. L'analyste, c'est le moins que l'on puisse attendre de lui, il n'y croit plus. Il a payé pour rencontrer cela. Il est sorti de cette croyance génératrice de catastrophes psychiques. Il sait que le grand Autre, en tant qu'imaginaire, n'existe pas. Qu'il n'y en a que des erzats, des simulacres, des illusions, des trompe-l'œil, des trompe-l'oreille, en somme des « trompe-couillons » !

Ledit analyste doit aussi avoir rencontré et appris à y faire avec le grand *Autre*, version symbolique, sa nécessité et ses limites car, comme vous le savez, celui-ci, le grand Autre, est barré, A. Il n'est pas plein, complet, ni sur le plan imaginaire, ni sur le plan symbolique. Il est troué. S (A), écrit Lacan.

Dans ce dernier registre, il y a un trou dans la langue. On dit que le langage est dé-complété d'un signifiant qui manque, l'ultime signifiant, le signifiant qui se voile, se dérobe quand vous l'appelez en l'Autre, et qui réfère au phallus symbolique, Φ, l'organisateur de toute signification. Lequel se présente comme le signifiant du désir, primordial en ce qu'il est le

[...] signifiant destiné à désigner dans leur ensemble les effets de signifié, en tant que le signifiant les conditionne par sa présence de signifiant[306].

L'analyste se doit, en fait, ainsi, d'être parvenu sur les rives de ce qu'on appelle la *castration symbolique*. Il sait que, même si la vérité parle, parle,... jusqu'à plus soif, elle ne fait, à chaque fois, que se *mi-dire* (Lacan) et jamais personne ne peut avoir le dernier mot. Le dernier mot manque. Même au maître. Et c'est pour cela qu'on parle.

Pendant longtemps, au cours de la cure, dans l'imaginaire et le symbolique, les deux protagonistes ne sont pas dans un même rapport à ces deux registres I et S. Il y a un différentiel dans le rapport – ils ne sont pas aux mêmes places – à quoi s'ajoute un différentiel dans la temporalité : ils ne sont pas au même temps concernant lesdits rapports à I et à S.

Reste que les deux se retrouvent cependant pris, ensemble, dans un impossible que j'ai appelé à l'instant, *l'amour dans le réel*. Troisième registre de l'amour qui les anime. Cet amour dans le réel, vous l'entendez bien, n'est pas à concevoir comme un amour ordinaire, un amour courant, celui dont le sujet

---

[306] Jacques Lacan, *La signification du phallus*, 1958, in *Ecrits*, 1966, pp. 685-695.

méconnaît plus ou moins qu'il n'est qu'une réédition d'un amour passé à peine transformé. Celui dont il dit que c'est un amour possible, comme il l'espère, à tout le moins, il le rêve et s'épuise à le réaliser comme possible.

C'est aussi, notons-le au passage, cet amour dit possible que la religion sanctifie dans le mariage venant alors renforcer l'illusion des amants d'être unis par Dieu-le-Père, c'est-à-dire de faire Un, grâce à ce Tiers et divin élément – enfin ! – ce qui a pour effet de renforcer encore leur aliénation imaginaire. C'est enfin encore ce que l'Etat qui, faisant aussi tiers, a repris point par point de la religion dans le mariage civil, scellant laïquement l'union des époux devant la loi républicaine.

Non, ici, ce dont il s'agit, c'est d'un amour d'emblée impossible, ou à mieux dire, un *amour dans l'impossible.* D'autant plus ravageant, risque-t-il d'être, parce que, précisément, il gît dans l'impossible. Ci-gît, dans l'impossible, notre amour impossible. Notre amour réel !

Reprenons et distinguons clairement, rigoureusement :

Le premier est un amour *improbable*. Beaucoup d'obstacles sur sa route le rendent improbable, parce que c'est un amour dans l'imaginaire, un amour de l'image, un amour de l'image de l'amour, un amour de l'image inconsciemment idéalisée de l'amour, autrement dit, c'est un fantasme d'amour. C'est pour cela que c'est un amour toujours espéré, un amour qui passe son temps à vivre dans l'espoir, un amour qui s'aime en aimant l'amour.

Le second est un amour *impossible*, c'est une torture dans le réel, mais qui revient toujours à sa même place d'impossible. C'est aussi un amour qui fait *trou* dans l'amour de l'image, dans l'amour imaginaire. Il n'arrête pas, constamment, de contribuer à le trouer, à l'emporte-pièce ou en le déchirant. On lui en veut pour cela. On lui en veut même beaucoup pour cela, car il désillusionne, déprime et enfin désespère l'amoureux ou l'amoureuse de l'image de l'amour. Il arrive qu'on le lui fasse payer. En arrêtant son analyse, par exemple. Ou en mettant de la distance avec son analyste, sous une forme ou une autre.

C'est dans ce second amour, dit ici *dans le réel*, qu'analyste et analysant sont ensemble pris, et, là, l'analyste n'a aucun temps d'avance. Et ils sont à des places identiques. Bien que l'on puisse quand même dire que l'analyste, lui, se doit d'en avoir été averti par l'expérience de sa propre analyse... Si analyse il y a eu, bien sûr, et poussée jusqu'à son terme, ou plutôt sa fin, en fait son accomplissement.

DU DESIR :

Seulement, voilà, le *Janus bi-frons*, en a justement un autre, un « front » sur lequel il opère autrement : c'est celui de l'*objet*, et de son *manque*, c'est-à-dire celui du *désir*.

Et le désir est sans représentation directe. Sinon par le biais contourné de l'amour dans l'imaginaire, auquel cas il se dégrade dans la demande. Le désir, c'est quelque chose qui pousse avec la pulsion, c'est aussi quelque chose qui se dit, et peut même, comme l'analyse y incite, se parler, ne pas renoncer surtout à se parler. Même si c'est de travers, d'une manière tordue la plupart du temps : par dénégation, ou sous la forme d'un trope du style : « *va, je ne te hais point* » d'une Bérénice qui s'adresse à son Titus.

Car la propension à l'injonction de l'autre, c'est toujours : « *Tais-toi, sur ton désir, tu déranges, tu* me *dé-ranges* ». Le désir qui se dit, ça crée toujours le malaise chez l'Autre. Ça crée de l'angoisse. Raison pour laquelle, vous le savez, angoisse et désir entretiennent toujours un étroit rapport.

Le désir, c'est quelque chose qui peut se définir dans son rapport intrinsèque à l'ordre biologique des besoins et à l'ordre langagier de la demande d'amour. Sauf que ce n'est ni l'un, ni l'autre, ou plutôt c'est entre les deux, participant des deux, sans s'y identifier aucunement.

Le sujet désire, et la satisfaction de ses besoins vitaux passe par l'appel adressé à un Autre. Mais ceci a une conséquence immédiate : cette dépendance à l'Autre, statut de l'humain en sa prématurité naturelle, dénature d'emblée la satisfaction, qui n'est jamais celle attendue, et qui se transforme alors en demande d'amour. Donc d'aliénation redoublée. « *J'ai faim, tu me donnes de la nourriture, mais tu ne me donnes pas l'amour dont j'ai faim* [307] » !

Le *transfert* se situant à la frontière du désir et de l'amour, avions-nous dit plus haut, nous autorise maintenant à saisir en quoi nous rencontrons une telle complexité, toujours surprenante, au niveau de *l'amour de transfert*. En effet, ce dernier n'est pas chez l'analysant limité en son action à ce qui se passe à son propre niveau, mais, doit-on encore et encore y insister, aussi quelque chose qui se trouve chevillé directement avec ce qui se passe chez l'analyste lui-même. Et ce qui se passe chez l'analyste, cela s'appelle comment ? Cela se nomme : le *désir de l'analyste*.

Vous vous souvenez du séminaire de 1960-1961, intitulé *Le Transfert*. On y voit Lacan nous montrer l'articulation de l'amour et du désir. Lacan nous la montre avec ce qu'il appelle la *métaphore de l'amour*. Il y désigne un premier terme, celui de l'amant et du désirant, c'est la même chose en grec, *erôn* (car *erastes* c'est plutôt l'aimant) ; puis un deuxième terme *erômenos*, l'aimé, le désiré, c'est pareil en grec. On est ici avant l'ère chrétienne qui a tout brouillé avec l'amour pur qui confine au rabattement de la question du désir sur l'obscénité de la chair, la chère chair… Et le prototype de l'amour, littéralement dés-incarné, sur Dieu.

Alors vous le savez, une métaphore, c'est une substitution de deux termes, de deux signifiants : eh bien ici, celui qui est, ou se veut coûte que coûte, en position d'aimé-désiré substitue à cette position d'aimé-désiré, celle d'amant-désirant. C'est cela

[307] On sait que l'anorexique est dans ce cas de figure.

la métaphore de l'amour, un retournement, et c'est à ce point précis que se produit la signification de l'amour.

Qu'est-ce à dire ? Je suis désirant, je veux croire que l'autre, désirant, est devenu me désirant, car dans les bûches de ce feu, là, qui s'enflamment par mon désir, je perçois une main qui se tend vers moi.

C'est bien ce qui se produit dans une analyse. Car cet *amour dans le réel,* dont je vous parle ici, cet *amour impossible* qui enlace dans un ensemble invivable, quasi insupportable par moments, analyste et analysant, est un amour qui réintègre en son sein le désir, qui s'y confond, qui ne fait qu'Un, comme dans la Grèce ancienne de l'époque où se déroule *Le Banquet,* dialogue platonicien. Un amour qui lie pulsion et langage, un amour infernal, un *désiramour,* comme a cru bon, un certain moment, de le nommer Lacan, qui en fit même un verbe : «*je te désiraime, tu me désiraimes,... etc...*» : *désiraimer.*

L'analyste, aimé – ou haï, cela ne change rien à l'affaire – est virtuellement *aimant.* Il est votre amant, osons le terme. N'est-ce pas pour cela que Lacan parlait de l'analyse comme d'un *concubinage* ? C'est assez parlant, non ? A minima, on peut démontrer qu'il est aimant-désirant, ne serait-ce qu'à vous écouter, sinon, pourquoi ferait-il ce métier impossible ?

Ceci dit, et on le sait d'expérience, la position du sujet désirant, c'est celle, fondamentalement, du *manque.*

Alors, il faut miser sur l'amour de transfert, lui octroyer gentiment tout ce qu'il demande durant son temps d'*éclosion,* qui est pour chaque sujet différent, très différent subjectivement : de un jour à plusieurs mois, voire années... Car, chemin faisant du transfert, le sujet est conduit par l'opération de la métaphore de l'amour, progressivement, voire quelquefois brusquement ou brutalement, vers la vérité et, au mieux, jusqu'à *la vérité de son désir.* Mais attention ! Cette vérité de son désir n'est pas nécessairement un bien pour le sujet, car elle n'est pas de l'ordre d'un bien. Elle n'est pas de l'ordre des Biens. Et elle ne veut même pas du tout son bien, cette vérité, au sens courant de l'expression commune.

Pourquoi ? Tout simplement parce que, encore une fois, son désir, c'est précisément ce dont il *manque* !!

Pour en arriver là, il faut, absolument, que l'analyste soit à cette place rigoureuse qui doit être la sienne : celle où il saura, pour son analysant(e), y faire valoir son manque fondamental. C'est à ce seul prix que le psychanalyste exerce sa fonction, à savoir : révéler au sujet l'objet de son désir à partir de la demande d'amour. Pour y parvenir, il faut que les deux protagonistes acceptent de se laisser prendre, un temps – mais lequel ? Celui d'une analyse – dans cet amour que j'ai désigné d'*amour dans le réel*, c'est-à-dire, d'amour impossible, d'amour dans l'impossible, et qui revient toujours à la même place. Troisième dimension de l'*amour de transfert*, troisième rond de l'amour qui permet aux deux autres de se nouer avec lui en un *noeud borroméen du transfert*. Le nœud du *sujet du désiramour*.

Là où l'Etat, comme la Religion, cherchent à nouer seulement deux dimensions de l'amour, l'imaginaire (l'amour courant) et la symbolique (l'engagement de la parole que l'on écrit sur le registre de l'Eglise ou de l'Etat civil), la psychanalyse est cette discipline qui propose au sujet de nouer les trois dimensions de *l'amour*, appelé en cette situation et dans ces circonstances, *amour de transfert*. Car le *transfert*, comme nous venons de le voir, doit être abordé dans sa totalité, c'est-à-dire dans cette triplicité de nouage qui se décline en ses trois dimensions : imaginaire, symbolique et réelle. La *dimension réelle du transfert*, c'est alors celle qui ne méconnaît plus l'existence, la consistance et le trou que produit *l'amour dans le réel*. C'est un amour infernal, pour autant que c'est cette dimension de l'amour, généralement niée, ou longtemps déniée par le sujet en analyse, qui est la seule à réintègrer la question sexuelle comme la question humaine, cruciale, fondamentale, centrale et que Lacan a ramassé dans sa formule célèbre, restée jusqu'à aujourd'hui indépassable et qui s'énonce ainsi : *Il n'y a pas de rapport sexuel.*

C'est parce qu'il n'y a pas de rapport sexuel, sous-entendu inscriptible dans la structure du sujet humain, que le *désir*, c'est ce qui gît au cœur de l'*amour dans le réel*, de cet amour bien spécifique et fait ainsi ex-sister, c'est-à-dire qui fait se situer ailleurs que dans le rapport sexuel qui n'existe pas, la *dimension réelle du transfert*. Car, notons-le, pour finir, c'est ce que Lacan a appelé la *présence du psychanalyste* qui en est ici l'unique opérateur. Présence du *désir de l'analyste*, à sa place de sujet supposé savoir. Rappelons-nous cette phrase du séminaire *Le Transfert* :

« [...] c'est à la place où nous sommes supposés savoir que nous sommes appelés à être et à n'être rien de plus, rien d'autre que la présence réelle et justement en tant qu'elle est inconsciente. »

Cette dimension est à prendre en compte en fin d'analyse comme le paradigme, le modèle, de tout amour à venir, après la fin de l'analyse. Si cette dimension restait ignorée ou déniée, le risque serait alors intense de ne connaître, après la fin de l'analyse, que les amours d'antan, les amours névrotiques de l'imaginaire infantile, et qui n'ont fait que montrer leur échec comme leur douleur, déterminant le sujet à venir nous consulter. Ce que Lacan appelle de mots terribles, « l'amour courant », ou « l'amour ordinaire », l'amour qui ressortit d'un imaginaire non-troué, doit être traversé et dépassé. Sinon, il n'y aura ainsi et à nouveau, exclusivement, que désespérante *répétition*.

Et dans ce cas, me direz-vous, à quoi bon s'être tant et tant investi(e) dans sa psychanalyse, si ce n'est que pour répéter son rêve d'un amour que l'on croit et que l'on veut toujours possible, mais qui ne peut que s'avérer impossible ? En effet, vous avez raison, à quoi bon ?!

Si l'analyse débouche aussi sur un art d'aimer… il faut que ce soit autrement ! *Désiraimer* autrement.

CONCLUSION

Nous arrivons au terme de cette petite enquête consacrée à la question, au problème, à la *problématique* – c'est-à-dire à la construction de ce problème en termes porteurs de science, d'une science toujours à venir en ce qui concerne la psychanalyse – du transfert dans la psychanalyse dans sa perspective freudienne, puis lacanienne. Freud, donc... et puis Lacan.

Nous aurons d'abord dit qu'il n'existe pas, fort heureusement, d'interprétation univoque de la question théorique ou pratique du transfert pour tous les psychanalystes. Pour les uns, il s'agit foncièrement d'une banalité sans nom qu'ils utilisent à dessein sans souhaiter en dire ou en écrire quoi que ce soit de plus ou d'autre que Freud ; pour d'autres, il s'agit plutôt d'une énigme, à chaque cas renouvelée, dont le corpus théorique ne rend qu'imparfaitement compte de ce dont il retourne réellement. Ce n'est donc que pour certains que le transfert se présente d'emblée comme une question ; sinon même, pour quelques-uns, la question *princeps* ouverte par ladite psychanalyse en sa naissance freudienne. Freud et Lacan furent de ceux-là.

Mais le transfert n'est-il, *de facto*, qu'une et une seule question ? Plusieurs questions ne viennent-elles pas à cet endroit se croiser ? Au-delà du fait que le transfert est au moins une question, le transfert pose des questions et, pour peu qu'on y prenne garde, il fournit en même temps la réponse, celle, *ready made*, que le sujet qui s'en trouve affecté souhaite recevoir. Une réponse, unique, à toutes ses questions : « *aime-moi et, pour cela reconnais-moi ; comble moi de ton amour, pas de manque, pas de perte...* ».

Nous avions noté, d'entrée de jeu, que lorsque Sigmund Freud reçoit Karl Gustav Jung pour la première fois, en 1907, il lui pose précisément cette question : « *Que pensez-vous du transfert ?* » « *C'est l'alpha et l'oméga de la pratique* », répond Jung. Freud alors de lui dire : « *Vous avez compris l'essentiel !* »

Dix ans auparavant, le 7 juillet 1897, Freud avait déjà décrit le transfert en termes déjà bien clairs, mais sans le reconnaître théoriquement. Il s'adressait à Wilhem Fliess :

Je continue à ne pas savoir ce qui m'est arrivé. Quelque chose venue des profondeurs abyssales de ma propre névrose s'est opposée à ce que j'avance encore dans la compréhension des névroses, et tu y étais, j'ignore pourquoi, impliqué. L'impossibilité d'écrire qui m'affecte semble avoir pour but de gêner nos relations. De tout cela je ne possède nulle preuve et il ne s'agit que d'impressions tout à fait obscures.

Il ajoute, sur le mode de certaines personnes dès les premiers entretiens :

La chaleur et le surmenage doivent certainement jouer un rôle dans tout cela[308].

Soixante-dix ans plus tard, dans la *Proposition du 9 octobre 1967 sur le psychanalyste de l'Ecole*, Jacques Lacan - qui, lorsqu'il parlait du transfert ne prétendait pas viser autre chose que le transfert selon Freud - avancera sa formulation la plus achevée sur cette question. Il s'agit de *l'algorithme du transfert*, soit une écriture, un rapport, dudit transfert.

Nous aurons vu et entendu, successivement ce que nous disent, *de facto*, Freud, puis Lacan, de cette embarrassante question qui les accompagne tout au long de leur parcours

---

[308] Sigmund Freud, *La naissance de la psychanalyse,* PUF, Paris, 1956.

respectif. Freud en fait la pire et la meilleure des choses pour la cure : la pire, puis la meilleure, puis la pire et la meilleure tout à la fois. Lacan en épure la fonction opératoire sous la forme de l'un des *Quatre concepts fondamentaux de la psychanalyse*, en cette année 1964 où il fonde son école, le 21 juin, l'Ecole freudienne de Paris. Le concept de transfert, élevé à cette dignité d'un concept, se trouve dès lors partager la compagnie de trois autres – dits aussi fondamentaux – : l'inconscient, la répétition et la pulsion !

Mais Lacan fera encore plus en venant y enchâsser la question du *désir de l'analyste* avec celle de la *passe*.

Dans un *Liminaire 1*, nous avons repéré d'où venait, de quelle étymologie, de quel champ sémantique, venait ce terme de transfert, en français et d'*Übertragung* en allemand. Dans un *Liminaire 2*, nous avons replacé l'enjeu de cette question du transfert telle qu'elle arrive à Freud, tel qu'il en traite dans ses différents textes. Nous avons fait de même pour Lacan.

Un chapitre I, intitulé *Au commencement, le transfert*, nous a permis d'aborder comment cette question était déjà personnellement présente pour le jeune Freud, dès ses vingt ans, à la Faculté de Médecine, question avec laquelle il se débat, parce que, en termes lacaniens, il y rencontre son *objet petit a*, le *regard*.

Ce fut alors de vous montrer comment il se débrouille – mal – avec ce transfert aux figures du père : ce furent *Les yeux du grand Brücke*, auxquels succédèrent d'autres yeux... *Et ceux de maître Charcot* à la Salpêtrière. Puis le transfert se transforme avec l'âge. Joseph Breuer, son co-auteur des *Etudes sur l'Hystérie*, de 1895, *Joseph Breuer, le grand frère*, est pour Freud dans cette position, qui ouvre la voie au transfert sur son condisciple, *Fliess, le double.* Fliess est le double de Freud, ce qui fait que ça se termine très mal, très mâle ! Enfin, l'âge aidant, Freud vient à être placé en position de père, et c'est avec *Carl Gustav Jung, le premier transfert filial.* Puis un fils chassera l'autre et ce sera au tour de Sandor Ferenczi. Auquel succéderont Abraham, Rank, Jones, etc.

Mais Freud est un incorrigible du transfert. Encore en mai 1931, à 75 ans donc, avec quelqu'un qui n'est pas cependant de la saga de ses disciples, l'écrivain français germanophile, européen, Romain Rolland, et qu'il ne rencontre qu'une seule fois le 14 mai 1924 par l'entremise de Stephan Sweig, il peut écrire toujours de telles phrases qui laissent perplexe... Bien que si justes.

Je puis vous avouer que je n'ai presque jamais ressenti comme avec vous cette mystérieuse attraction d'un être vers un être - liée peut-être, d'une façon ou d'une autre, à la connaissance de toutes nos différences[309].

Un chapitre II nous a permis d'aborder la question, chez Freud, par la clinique. Intitulé *La butée clinique du transfert*, ce chapitre a rencontré *La petite Bertha*, Bertha Pappenheim, c'est-à-dire le cas *Anna O.* de Breuer et des *Etudes sur l'Hystérie*. Ce fut ensuite qu'*... Alors vînt Dora*.

Le chapitre III, intitulé *La théorie freudienne du transfert*, fut l'occasion d'étudier les textes principaux où Freud se met à théoriser la question. Nous avons vu successivement : *Un transfert très dynamique* avec l'étude de son texte de 1912, *La dynamique du transfert* ; l'alternative *Remémorer ou répéter ?*, avec l'étude de son texte de 1914, *Remémoration, répétition et perlaboration*. L'équivalence *Aimer, transférer*, avec son texte de 1915, *Observations sur l'amour de transfert*. Nous nous sommes consacrés, ensuite, à *La vingt-septième conférence*, de 1916-1917, celle, précisément qui porte ce titre, *Le transfert*, dans son recueil de l'*Introduction à la psychanalyse*. Pour enfin nous atteler à définir et développer, dans un sous-chapitre, *La théorie freudienne du transfert*.

---

[309] Sigmund Freud-Romain Rolland, *Correspondance*, 1923-1936, d'Henri et Madeleine Vermorel, PUF, coll. Histoire de la psychanalyse, 1993.

Le chapitre IV fut dédié à *La reprise lacanienne*, reprise de la question du transfert. Il fallut positionner un Lacan se demandant *Comment ré-intervenir sur le transfert ?* Ce que nous fîmes, à partir de son texte de 1951, *Intervention sur le transfert*, où il traite du cas *Dora* en termes de renversements dialectiques. Puis ce fut l'abord du premier séminaire public de Lacan *Les écrits techniques de Freud*, de 1953-1954 : *Le séminaire I : la naissance du transfert symbolique*. Ensuite vînt un réabord du cas *Dora*, avec ce que nous intitulâmes, *Le séminaire I : Dora,* one more time. Puis l'analyse de la structure avec, *Le séminaire I : la structure du transfert*. Et enfin, la redécouverte de ce couple incomparable autant qu'impossible, avec *Le séminaire I : l'amour* versus *le désir*.

Le chapitre V fut consacré, chez Lacan, à ce que nous avons appelé *Un temps de latence*. Il concerne *Le séminaire II : sur le moi*. Exactement : *Le moi dans la théorie de Freud et dans la technique de la psychanalyse*, séminaire de 1954-1955. Ce qui nous autorisa à faire le point sur la cure psychanalytique à la fin des années cinquante : *La cure en 1958*.

Le chapitre VI affronta, enfin, *Le séminaire du même nom*. C'est-à-dire le séminaire de 1960-1961 que Lacan consacre spécialement au transfert : *Le transfert dans sa disparité subjective, sa prétendue situation, ses excursions techniques*. Avec, tout d'abord, cette avancée, chez Lacan, de *La chute de l'intersubjectivité*, autrement dit, et consécutivement, de la fin de la notion de contre-transfert. Puis ce fut le gros morceau, son étude du *Banquet – Le Banquet ou de l'Amour –* dialogue platonicien qui met en scène Socrate, et tout spécialement, le couple Socrate Alcibiade. Et jusqu'à sa pointe, c'est-à-dire, de ce que j'ai intitulé *L'acmé de l'ouden ôn*. Cette réponse de Socrate à l'éloge désiraimant d'Alcibiade à son endroit : *ouden ôn*, traduction littérale : *rien [je] étant*. Là où tu crois voir quelque chose, il n'y a rien, *reus*, un réel, un trou !

… Et c'est sur cet abrupt que s'est terminée la première partie de cette enquête.

Puis vînt une deuxième partie.

Le chapitre VII fut entièrement consacré à *La trilogie claudélienne des Coûfontaine*, mais plus précisément autour de *L'Otage*.

... De même que le chapitre VIII, fut consacré, lui, au *Pain dur*, puis *Sur le chemin... du Père humilié.*

... Et encore le chapitre IX, intitulé *La fin de la trilogie, ou... « Au désir de la femme »*. Car Lacan n'avait pas encore théorisé, à ce moment-là, que *La* femme n'existe pas. Que le La est barré. Que la femme, comme la vérité, n'est « pas-toute ». Pas toute à être, pas-toute à se dire.

Avec le chapitre X, nous avons conclu le séminaire *Le transfert*, et ont commencé à être abordées les questions lacaniennes de la position et de la place qu'occupe *l'analyste*, lequel se présente, dans toute cette affaire du transfert et comme *objet* – l'objet petit a – et comme *sujet* – par le désir de l'analyste. Mais il y manque un élément. D'abord le grand *Autre*, devient un *lieu,* et puis ce sera l'arrivée du *sujet supposé savoir* (séminaire *L'identification*, 1961-1962). Mais la question du transfert n'y sera reliée qu'avec le séminaire sur *L'Angoisse* (1962-1963). Le *sujet supposé savoir* fera dès lors l'objet de notre réflexion concernant *l'équivoque* de ladite formule.

Notre étude affronte, ensuite (page 183), la question du *transfert selon Lacan* dans la dernière période de son œuvre, celle des années 1970, celle où le *sujet supposé savoir* est *recouvert* par le *sujet de l'inconscient* (1975-1978). C'est à cet endroit qu'il y a un écueil, et qu'il ne faut pas qu'à la fin l'analysé prolonge l'amour courant de transfert en amour pour son inconscient. Hormis le sujet de l'inconscient et le sujet supposé savoir, un troisième « joueur » est nécessaire, ce sera la réalité de la différence sexuelle et c'est de là, dira-t-il, que « *le sujet prend sa nouvelle certitude, celle de prendre son gîte dans le pur défaut du sexe.* » C'est ici l'introduction du Réel, d'un réel sexuel, qui s'exprime symptomatiquement au travers d'un réel du transfert, ou d'un transfert dans le Réel, divisant sujet et symptôme. Le 9 juin 1965 (*Les problèmes cruciaux de la psychanalyse*), Lacan dira : « La division du sujet et du symptôme c'est l'incarnation de ce niveau où la vérité reprend ses droits et sous la forme de ce réel non su, de ce réel à exhaustion impossible qui est ce réel du sexe. » Le savoir, répétons-le, est : « pas-tout ». Pas-tout savoir.

Enfin, un dernier point (page 203), m'aura permis de présenter pleinement *la dimension du Réel dans le transfert.* En effet, si la théorie psychanalytique de Jacques Lacan est une théorie qui repose sur le paradigme nouveau, par lui introduit dans cette discipline, et qui consiste à aborder *toute question psychanalytique avec le ternaire RSI*, si…, alors, alors la question du transfert doit faire apparaître ses trois dimensions, ses trois consistances, son *nœud borroméen du transfert*, même, et l'on doit pouvoir reconnaître un *transfert dans l'Imaginaire* (le transfert, disons, de la répétition des imagos de Freud), un *transfert dans le Symbolique* (disons celui, en premier, que dégage Lacan dans les années 1960, avec la notion de grand *Autre*, alors qu'il ne l'est pas clairement chez Freud où les dimensions imaginaire et symbolique sont encore par trop intriquées), et un *transfert dans le Réel.* C'est ce dernier que je vous ai développé dans ce chapitre et qui ne se trouve pas chez Lacan d'une manière explicite. Implicitement, il me semble qu'il y gît, repérable comme tel, mais non formulé.

On résumera cette avancée personnelle – ce qui est du Louka et non pas du Lacan en rappelant ceci, dix points cruciaux :

1) Il existe un nécessaire et incontournable amour dans la cure psychanalytique. La cure est une cure d'amour, sauf que c'est comme à l'envers, c'est-à-dire, *une cure de*

l'amour[310]. Qu'il prenne la forme d'un amour ou d'une haine n'y change rien en son fond. Freud a appelé cet amour *amour de transfert.* Il est tissé des même fils que l'amour ordinaire, celui qui nous fait tous souffrir un jour ou l'autre. C'est un amour « authentique » (terme de Freud). C'est un amour vrai, dans l'actuel, un amour bien réel et non la simple répétition ou ré-édition d'un amour passé. Un amour *dans le réel.*

2) Mais le transfert est tressé de cet amour qui, en réalité, est triple. Il y a un amour dans l'Imaginaire, un amour dans le Symbolique et un amour dans le Réel. Le dernier, l'amour dans le Réel, est une forme de *l'amour dans l'impossible*, cet amour qui *unit en désunissant* dans sa progression vers la différence (sexuelle) absolue, à chaque séance un peu plus, analyste et analysant.

3) Si *l'amour dans le réel* est cet impossible, c'est que s'est invité à cet endroit, au festin, *le désir*, lequel est causé par *l'objet petit a* que recèle, sans le savoir au début, le psychanalyste pour le psychanalysant, et... réciproquement. Le petit *a* possède, en outre, une redoutable dimension de *plus-de-jouir.*

4) Mais le transfert est quelque chose qui campe *à la frontière de l'amour et du désir.* Il est un remuant *passeur de frontières*, dans les deux sens. Il se présente ainsi tel un *Janus bi-frons* : d'un côté il réfère à *l'amour*, de l'autre au *désir.* Et ceci pour les deux protagonistes, analyste et analysant. Mais l'analyste a un temps d'avance sur son analysant. Son parcours doit lui avoir permis de *rencontrer et traverser* l'amour imaginaire (*castration imaginaire*) et l'amour symbolique (*castration symbolique*). Il peut ainsi permettre l'accès à cette castration pour son analysant, et l'accompagner dans les arcanes des mêmes opérations qu'il a subies, traversées.

---

[310] Gérard Pommier, *opus cité*

5) Mais il reste *la question de l'amour dans le réel.* Là, ils se retrouvent pris, ensemble, en *couple*, dans ce *concubinage de l'impossible.* Car cet amour n'est pas un amour ordinaire, ni un amour courant, ni un amour narcissique et névrotique, un amour qui s'aime en aimant l'amour, en un mot un amour improbable, quoiqu'un amour rêvé comme possible. Bien qu'averti, là où son analysant ne l'est pas encore, l'analyste est à une place homologue à celle de son analysant. Ils sont à des places quasi identiques. Et cette place est celle où *le désir fait son office.*

6) *Le désir* opère sur le front de l'objet et donc du *manque.* Il est sans représentation directe, sinon par le biais de l'amour où il se dégrade dans la demande. Il est poussé par l'insatiable pulsion en son circuit infini. Il est ce qui *se dit*, s'énonce et dé-range l'Autre. Il est ainsi un *créateur d'angoisse.* Il s'insère entre le besoin et la demande, sans être ni l'un, ni l'autre.

7) Du côté de *l'analyste*, le désir qui prime s'appelle le *désir de l'analyste.* C'est un désir qui désire *qu'il y ait de l'analyse* (Lacan). Que l'on aille jusqu'au bout. Au bout de l'analyse. L'amour de transfert est ainsi chevillé, non seulement à ce qui se passe chez l'analysant, mais aussi à ce qui se passe chez l'analyste concernant le *désir d'analyste.* Il doit s'y produire la *métaphore de l'amour.* L'aimé-désiré, ou voulant l'être, cesse sa plainte de ne pas être assez aimé ; il devient *aimant-désirant.* Changement, substitution de place, retournement, transfert : révélation de la *signification de l'amour*, comme s'exprime Lacan.

8) *La tâche du psychanalyste* est de *révéler au sujet l'objet de son désir à partir de la demande d'amour.* A une seule condition, c'est que cet amour dans le réel, cet amour impossible qui enlace dans un ensemble invivable ou insupportable analyste et analysant, soit un amour qui *réintègre en son sein le désir*, qu'il s'y confonde, qu'il ne

fasse qu'*Un* avec lui, comme dans la Grèce ancienne. Qu'il s'agisse, alors, véritablement, d'un *désiramour*. Qu'il s'agisse, désormais, de *désiraimer*. Cette position qui conjugue le verbe désiraimer, c'est aussi celle, et la seule, qui se supporte du manque. Qui *supporte le manque*. Fondamental ou passager. Désiraimer, devient ainsi le seul accès, pour le sujet, qui lui reste, pour atteindre à *la vérité de son désir*.

9) *La psychanalyse* est donc bien cette *discipline* qui propose au sujet de *nouer les trois dimensions de l'amour*, appelé en cette situation et en ces circonstances *amour de transfert*, cette folie du transfert[311]. Nous devrions aborder dorénavant le transfert dans sa totalité, dans *la triplicité de son nouage borroméen* qui se décline en ses trois dimensions : imaginaire, symbolique et réelle. *La dimension réelle du transfert*, où se tapit férocement *en son cœur le désir*, c'est alors celle qui ne méconnaît plus l'existence, la consistance et le trou que produit *l'amour dans le réel,* cet *amour infernal qui enlace les deux protagonistes* de la situation analytique et qui est cependant *le seul amour à réintégrer la question sexuelle comme la question humaine cruciale, fondamentale, centrale et que Lacan a ramassé dans sa célèbre formule : « il n'y a pas de rapport sexuel »*.

10) *Enfin, le psychanalyste, c'est quelqu'un qui est animé du désir de l'analyste,* ce qui lui confère une *présence*, unique, laquelle lui permet *d'opérer* de *sa place de sujet supposé savoir. « [...] c'est à la place où nous sommes supposés savoir que nous sommes appelés à être et n'être rien de plus, rien d'autre que la présence réelle et justement en tant qu'elle est inconsciente. »*, dit Lacan dans le séminaire *Le transfert.*

[311] Solal Rabinovitch, *La folie du transfert*, Scripta, érès 2006.

En conclusion de cette enquête nous pouvons dire que, si l'analyse débouche aussi, pour chacun, pour chacune, sur *un nouvel art d'aimer…* il faut que ce soit *autrement* ! C'est même urgent ! Car il s'agit, *hic et nunc,* de *désiraimer* autrement.

TABLE DES MATIERES

CHAPITRE X

Structures éditoriales du groupe L'Harmattan

L'Harmattan Italie
Via degli Artisti, 15
10124 Torino
harmattan.italia@gmail.com

L'Harmattan Hongrie
Kossuth l. u. 14-16.
1053 Budapest
harmattan@harmattan.hu

L'Harmattan Sénégal
10 VDN en face Mermoz
BP 45034 Dakar-Fann
senharmattan@gmail.com

L'Harmattan Cameroun
TSINGA/FECAFOOT
BP 11486 Yaoundé
inkoukam@gmail.com

L'Harmattan Burkina Faso
Achille Somé – tengnule@hotmail.fr

L'Harmattan Guinée
Almamya, rue KA 028 OKB Agency
BP 3470 Conakry
harmattanguinee@yahoo.fr

L'Harmattan RDC
185, avenue Nyangwe
Commune de Lingwala – Kinshasa
matangilamusadila@yahoo.fr

L'Harmattan Congo
67, boulevard Denis-Sassou-N'Guesso
BP 2874 Brazzaville
harmattan.congo@yahoo.fr

L'Harmattan Mali
ACI 2000 - Immeuble Mgr Jean Marie Cisse
Bureau 10
BP 145 Bamako-Mali
mali@harmattan.fr

L'Harmattan Togo
Djidjole – Lomé
Maison Amela
face EPP BATOME
ddamela@aol.com

L'Harmattan Côte d'Ivoire
Résidence Karl – Cité des Arts
Abidjan-Cocody
03 BP 1588 Abidjan
espace_harmattan.ci@hotmail.fr

Nos librairies en France

Librairie internationale
16, rue des Écoles
75005 Paris
librairie.internationale@harmattan.fr
01 40 46 79 11
www.librairieharmattan.com

Librairie des savoirs
21, rue des Écoles
75005 Paris
librairie.sh@harmattan.fr
01 46 34 13 71
www.librairieharmattansh.com

Librairie Le Lucernaire
53, rue Notre-Dame-des-Champs
75006 Paris
librairie@lucernaire.fr
01 42 22 67 13